MARCO POLO

SEYCHELLEN

Reisen mit Insider Tipps

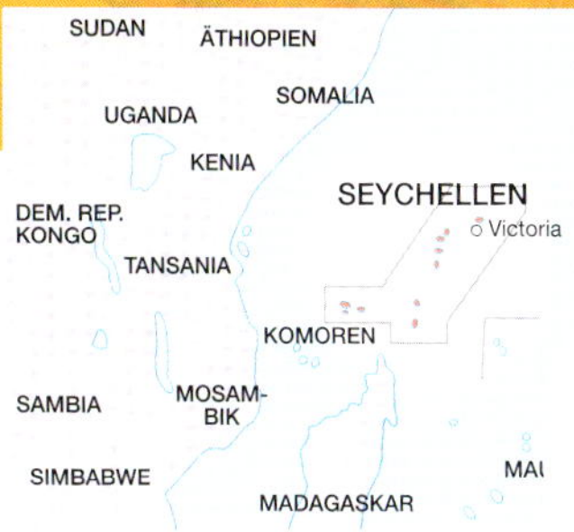

W0249316

Faszinierend ist nicht nur die grandiose Natur, sondern auch das lässige Lebensgefühl der multikulturellen Bevölkerung der Inseln.
MARCO POLO Autor
Heiner F. Gstaltmayr
(siehe S. 123)

Spezielle News, Lesermeinungen und Angebote zu den Seychellen:
www.marcopolo.de/seychellen

SEYCHELLEN

> SYMBOLE

Insider Tipp **MARCO POLO INSIDER-TIPPS**
Von unserem Autor für Sie entdeckt

★ **MARCO POLO HIGHLIGHTS**
Alles, was Sie auf den Seychellen kennen sollten

SCHÖNE AUSSICHT

▶▶ **HIER TRIFFT SICH DIE SZENE**

> PREISKATEGORIEN

HOTELS
€€€ über 300 Euro
€€ 150–300 Euro
€ unter 150 Euro
Die Preise gelten für zwei Personen im Doppelzimmer pro Nacht mit Frühstück (ohne etwaige Saisonzuschläge)

RESTAURANTS
€€€ über 25 Euro
€€ 10–25 Euro
€ unter 10 Euro
Die Preise gelten für ein Menü ohne Getränke

> KARTEN

[112 A1] Seitenzahlen und Koordinaten für den Reiseatlas Seychellen
[0] außerhalb des Kartenausschnitts
Eine Karte von Victoria (Mahé) finden Sie auf Seite 37.

Zu Ihrer Orientierung sind auch die Orte mit Koordinaten versehen, die nicht im Reiseatlas eingetragen sind

INHALT

> SZENE

S. 12–15: Trends, Entdeckungen, Hotspots! Was wann wo auf den Seychellen los ist, verrät der MARCO POLO Szeneautor vor Ort

> 24 STUNDEN

S. 90/91: Action pur und einmalige Erlebnisse in 24 Stunden! MARCO POLO hat für Sie einen außergewöhnlichen Tag auf Mahé zusammengestellt

> LOW BUDGET

Viel erleben für wenig Geld! Wo Sie zu kleinen Preisen etwas Besonderes genießen und tolle Schnäppchen machen können:

Preiswerte Unterkunft für Selbstverpfleger auf Mahé S. 35 | Auf Praslin abends am Meer günstig seychellische Spezialitäten genießen S. 60

> GUT ZU WISSEN

Was war wann? S. 10 | Spezialitäten S. 26 | Bücher & Filme S. 39 | Gauguin der Seychellen S. 48 | Bitte lächeln! S. 44 | Blogs & Podcasts S. 46 | Seychellen kompakt S. 76 | Kreolisch für Gäste S. 82

AUF DEM TITEL
Frégate: das Paradies auf Erden S. 54
Open Studios auf Mahé S. 13

ENTDECKEN SIE DIE SEYCHELLEN!

Unsere Top 15 führen Sie an die traumhaftesten Orte und zu den spannendsten Sehenswürdigkeiten

Die Highlights sind in der Karte auf dem hinteren Umschlag eingetragen

1 Prozessionen
Gefeiert wird überall, wie die Feste fallen, aber besonders feierlich geht es bei den Prozessionen an Mariä Himmelfahrt auf La Digue zu (Seite 23)

2 Festival Kreol
Ende Oktober trifft sich die kreolische Welt auf den Seychellen und feiert mit viel Musik und Tanz ihre Kultur – und dabei geht es hoch her (Seite 23)

3 Botanischer Garten
Wer nicht alle Inseln besuchen kann, findet in der Hauptstadt Victoria auf Mahé die ganze Pflanzenvielfalt der Seychellen an einem Ort vereint (Seite 32)

4 Markt
Buntes Spektakel in Victoria und ein Ort, an dem man Spezialitäten der Seychellen erstehen kann (Seite 34)

5 Wandern auf Mahé
Abseits vom Strand bieten die Gebirgszüge eine völlig andere Welt und außerdem tolle Ausblicke (Seite 38)

6 Anse Victorin
Auf Frégate liegt der vielleicht schönste Strand der Welt – und er ist meist menschenleer (Seite 55)

7 Granitfelsen
Jeder kennt die Werbebilder, doch kein Bild ersetzt das Erlebnis, auf La Digue im Schatten dieser Felsen zu träumen (Seite 57)

> DIE BESTEN MARCO POLO HIGHLIGHTS

8 Anse Lazio
Der Topstrand von Praslin ist leider kein Geheimtipp mehr, aber allemal einen Besuch wert (Seite 61)

9 Vallée-de-Mai-Nationalpark
Der urwüchsige „Maital"-Nationalpark ist die Heimat der Coco de Mer und schon deshalb ein Muss (Seite 62)

10 Esmeralda
150 Jahre und ein paar Hundert Kilo hat dieser Schildkrötenkoloss auf dem Buckel, und jeder fragt nach ihm (Seite 68)

11 Hausriff vor Denis
Richtig bunt wird es erst unter Wasser, insbesondere in den Riffen am Rande des Inselplateaus (Seite 71)

12 Arabische Gräber
Keiner weiß genau, wer hier liegt, aber man vermutet, dass auf Silhouette arabische Seefahrer begraben wurden (Seite 75)

13 North Island Resort
Leben wie Robinson in einer Holzhütte, ganz in die Natur eingebettet – aber mit DVD und Internet (Seite 77)

14 Riesenschildkröten
Die größte Riesenschildkrötenkolonie der Welt lebt auf den Inseln des Aldabra-Atolls (Seite 81)

15 Pilzinseln
Wind und Wellen schufen bizarre Skulpturen: Inseln, die wie Pilze aussehen (Seite 82)

WAS FÜR INSELN!

Anse Takamaka, Mahé

AUFTAKT

> Man muss schon lange suchen, um auf dieser Erde einen ähnlichen Archipel wie den der Seychellen zu finden. Am ehesten noch die Galápagos-Inseln, aber selbst dort, wo Fauna und Flora seit langem besonderen Schutz genießen, reicht die Vielfalt nicht an jene der Inselgruppe vor dem afrikanischen Kontinent heran. Auf den Seychellen nur Sonne, Sand und Meer genießen zu wollen, wäre zu schade. Hier lockt weit mehr als nur Strandvergnügen: eine einzigartige Natur, behäbig dahinkriechende Schildkröten, von denen man Muße lernen kann, und Menschen, die in ihrer Fröhlichkeit kaum zu überbieten sind. Also los: Entdecken Sie die Seychellen!

> Die Seychellen sind kein Reiseziel, das man „nur" zum Sonnenbaden und Faulenzen aufsucht. Der Zauber, den die Inseln im Indischen Ozean versprühen, hat andere Ursachen: die satte tropische Vegetation, die Besonderheiten der Tier- und Pflanzenwelt und nicht zuletzt die freundlichen, lebenslustigen Menschen, die eine Reise auf den Archipel vor der afrikanischen Küste zu einem unvergesslichen Erlebnis machen.

Der größte Teil des Archipels ist nach Auffassung der Geologen ein versprengter Rest des Ur-Erdteils Gondwana. Die Hauptinsel Mahé z.B. besteht aus purem Granit, der sich bis zu einer Höhe von über 900 m über dem Meeresspiegel auftürmt und an den Küsten in bizarren Klippen und Riffen steil abfällt. Diese Felsen sind nur die sichtbaren Spitzen eines riesigen Unterwassergebirges, des sogenannten Mahé-Plateaus. Im Laufe der Zeit entstanden hier auch Koralleninseln mit weiß leuchtendem Sand. Sie unterscheiden sich in ihrer landschaftlichen Gestalt von Granitinseln und sind zumeist flach wie ein Brett. Weit entfernt vom Mahé-Plateau erstreckt sich ein weiterer mächtiger Unterwasserrücken aus vulkanischem Basalt. Auf diesem liegen die sogenannten Äußeren Inseln. Nähme man alle 115 Inseln zusammen, so ergäbe das mit 455 km² nur etwas mehr als die Fläche der Stadt Köln. Mahé ist dabei mit 152 km² die größte (und am dichtesten besiedelte) Insel.

Arabische Seefahrer betraten die Seychellen als Erste. Um das Jahr 800 n. Chr. entdeckten sie den Archipel auf ihrem Weg nach Indien. Es folgten portugiesische Seefahrer, 1502 z.B. Vasco da Gama, der als Entdecker der südwestlich von Mahé liegenden Amiranten („Admiralsinseln") gilt. Im 16./17. Jh. kamen gefürchtete Piraten und Freibeuter, allen voran der legendäre Olivier Levasseur, der sich „La Buse", der Bussard, nannte.

Die Seychellen tragen ihren heutigen Namen seit 1756, als der irische Kapitän Corneille Nicolas Morphey die Inseln im Auftrag der französischen

> Leben und leben lassen ist die Devise

Krone in Besitz nahm. Benannt wurden sie nach Jean Moreau de Séchelles, dem Finanzminister Ludwigs XV. Schillernde Persönlichkeiten gab es in der Geschichte der Seychellen zuhauf: Da ist z.B. der Franzose Quéau de Quinssy, der das Amt des

Gouverneurs 1794 übernahm. Als am 16. Mai jenes Jahres die Engländer mit einer gewaltigen militärischen Übermacht vor Victoria auftauchten, sah de Quinssy keine andere Möglichkeit, als eine von ihm selbst formulierte Kapitulationsurkunde zu unterzeichnen. Doch kaum waren die Schiffe der Briten wieder am Horizont verschwunden, holte de Quinssy den Union Jack wieder ein und hisste stattdessen erneut die Trikolore. Bis 1811 soll sich dieses Spiel siebenmal wiederholt haben. Die Annexion der Seychellen durch die Briten ließ sich dadurch aber letztlich nicht verhindern. 1833 schafften die neuen Herren die Sklaverei ab. Daran erinnert am Ortsrand von Victoria auf Mahé die Figur eines Mannes *(Zonm lib)*, der symbolisch seine Ketten sprengt.

Heute gilt die *Repiblik Sesel* (Republik der Seychellen) als relativ stabile Demokratie, die sich einen sozialistisch angehauchten Staatschef leistet. Albert René nutzte am 5. Juni 1977 die Abwesenheit des demokratisch gewählten Staatspräsidenten James R. Mancham zu einem Putsch. Seitdem hat René, der in der Schweiz und in England studierte, alle Wahlen gewonnen – bis 1993 freilich immer ohne Gegenkandidaten. Aber auch aus den Wahlen seit 1993, an denen sich wieder mehrere Parteien beteiligen durften, ging René als Sieger hervor. 2004 trat er zurück und übergab das Amt an seinen Vizepräsidenten James Alix Michel.

> Der liebe Gott muss einen kreativen Tag gehabt haben

Wer sich um den Chefsessel im Parlament bemüht, scheint vielen Seychellois ohnehin eher nebensächlich

Aufregende Begegnung beim Schnorcheln: Aug' in Aug' mit einer Riesenschildkröte

WAS WAR WANN?

Geschichtstabelle

Um 800 n. Chr. Arabische Seefahrer landen auf den Seychellen

1502/03 Vasco da Gama entdeckt auf der Suche nach Indien die Seychellen

Ab 1685 Piraten nutzen die Inseln als Schlupfwinkel

1756 Der irische Kapitän Corneille Nicolas Morphey erklärt Mahé und weitere Inseln zu französischem Besitz.

1770 Französische Siedler gründen den ersten Ort auf Ste Anne

1794–1811 Chevalier Quéau de Quinssy, der Inselkommandant, kapituliert achtmal vor den Briten, hisst aber nach deren Abreise immer wieder die französische Flagge

1811 Die Briten annektieren die Inseln und verbieten 1833 die Sklaverei.

Ab 1875 Die Seychellen werden zu einem Verbannungsort

1903 Die britische Regierung erklärt die Seychellen zur Kronkolonie

1964 Die Seychelles Democratic Party (SDP) und die Seychelles People's United Party (SPUP) werden gegründet

1970 Die Seychellen geben sich eine Verfassung

1976 Die Inseln erlangen ihre Unabhängigkeit. James R. Mancham (SDP) wird erster Staatspräsident

1977 France Albert René (SPUP) putscht gegen Mancham und erklärt sich zum neuen Präsidenten

1993 René gewinnt in der ersten Mehrparteienwahl nach 16 Jahren

2004 James Alix Michel löst Albert René ab und wird 2006 für weitere fünf Jahre gewählt

zu sein. Leben und leben lassen ist die Devise, nach der man hier handelt. Das ist u.a. möglich, weil der Staat die soziale Grundversorgung gewährleistet. Das trägt dazu bei, dass der Lebensstandard auf den Seychellen wesentlich höher ist als im kontinentalen Afrika. Allerdings sind die Lebenshaltungskosten in den letzten Jahren so drastisch gestiegen, dass sich viele Seychellois nur mit einem Zweitjob über Wasser halten können.

Beflügelt von der Faszination, die sich einstellt, wenn man z.B. durch das Vallée de Mai auf Praslin streift, könnte man sagen: Der liebe Gott muss einen kreativen Tag gehabt haben, als er die Seychellen vor der afrikanischen Küste ins Meer streute. Keine Insel gleicht der anderen, auf jeder gibt es etwas Besonderes. Es wuchert üppig, und wer von jenseits des Äquators kommt, ist beeindruckt von der Vielfalt an Formen und Farben, von der Dichte und Größe der Vegetation. Dennoch ist die Natur auf den Inseln nicht sehr artenreich und auch nicht mehr ursprünglich. Der Urwald wurde bis auf wenige Reste gerodet, neu eingeführte Pflanzen verdrängten die einheimische Vegetation. Dennoch finden sich immer noch Pflanzen und Tiere, die sonst nirgends auf der Welt vorkommen. Zu den etwa 80 endemischen Pflanzen zählt die *Coco de Mer,* die Seychellennuss. Eine Besonderheit sind auch die Riesenschildkröten, „lebende Fossilien" eines längst vergangenen Erdzeitalters. Von ihnen gibt es allein auf den Seychellen mehr als 150 000 Exemplare. Unter strengen Schutz gestellt wurden auch dreizehn

Landvogelarten, die es nur auf den Seychellen gibt, dazu etliche Seevö-

> **Lebende Fossilien aus einer längst vergangenen Zeit**

gel wie die kleine Noddyseeschwalbe, die mächtigen Fregattvögel oder der Rotschwanztropikvogel. Grundkapital des Tourismus. Die Regierung hat deshalb schon rund die Hälfte der gesamten Landfläche und einen Teil des Meeres unter Naturschutz gestellt. Zu einigen Inseln haben nur noch Botaniker und Ornithologen Zutritt, in Ausnahmefällen noch eine begrenzte Anzahl Touristen. Der Tourismus soll überschaubar bleiben; Charterfluggesellschaften

Mit einem stolzen Segelschiff macht Inselhopping doppelt Spaß

Wie fast alle Korallenriffe auf der Erde wurden auch die vor den Seychellen durch das Klimaphänomen El Niño in Mitleidenschaft gezogen. Dennoch ist die Natur und speziell die Unterwasserflora und -fauna nach wie vor die größte Attraktion der Seychellen. Sie bietet Wassersportlern ebenso Interessantes wie Naturfreunden. Und sie ist das bekommen hier keine Landegenehmigung. Limitiert ist auch die Zahl der Hotelbetten, der Bau neuer Unterkünfte wird nur noch selten genehmigt. So wird der Besucherstrom bewusst in relativ engen Grenzen gehalten. Pro Jahr sind es nicht viel mehr als 125 000 Touristen, denen der Besuch dieser herrlichen Inseln möglich ist.

WAS IST ANGESAGT?

Trends, Entdeckungen und Hotspots. Unser Szene-Scout zeigt Ihnen, was auf den Seychellen los ist

Thomas J. Kinne
ist absoluter Seychellen-Insider! Nach seinem Studium war der Texter und Übersetzer lange beim Fremdenverkehrsamt der Seychellen beschäftigt, wo er Beruf und sein Lieblingshobby Reisen ideal verbinden konnte. Inzwischen verknüpfen ihn auch familiäre Bande mit dem Traumziel im Indischen Ozean. Kein Wunder, dass er so oft wie möglich dorthin reist – immer auf der Suche nach den neuesten Trends.

TIERE ZU ADOPTIEREN

Familienzuwachs mal anders

Tiere von den Inseln mitzunehmen ist tabu. Moderne Tierschützer dagegen übernehmen Patenschaften! Zum Beispiel für einen Walhai oder eine Meeresschildkröte bei der *Marine Conservation Society Seychelles (www.mcss.com,* Foto*).* Kostenpunkt: rund 30 Euro pro Jahr und Tier. Das Geld wird für den Schutz der Tiere und den Erhalt ihres Lebensraums verwendet. Wer seine Familie gleich um einen ganzen Park erweitern will: Das Umweltministerium der Seychellen bietet Schulklassen, Privatpersonen und Unternehmen die Möglichkeit, Teile ganzer Parkanlagen zu adoptieren! Allerdings ist hier echtes Engagement gefragt: Statt Geld zu geben, sollen die Paten den entsprechenden Park pflegen und sauber halten *(www.env.gov.sc/html/adopt_a_park.html)*.

SZENE

▶▶ TEATIME!

Abwarten und genießen

Ob im Hotelrestaurant oder im Internetcafé – man trinkt Tee auf den Seychellen. Außer dem einheimischen Schwarztee *SeyTé*, der in den Höhenlagen von Mahé angebaut wird, lieben die Seychellois aber auch Importtees. Am liebsten natürlich im angenehmen Ambiente: Die *Tea Tavern* auf Mahé hat kürzlich nach umfassender Renovierung wieder eröffnet und liegt jetzt voll im Trend *(Sans Souci, Morne Blanc)*. Hier kann man nicht nur Tee trinken, sondern auch kaufen. Wer auch Tee für zu Hause möchte, schaut sich an den Ständen an der Francis Rachel Street um. Hier ist der Tee toll verpackt und von guter Qualität.

▶▶ KUNST ZUM ANFASSEN

Open Studios sind in

Einmal einem Künstler über die Schulter schauen – auf den Seychellen ist das kein Problem, denn immer mehr Künstler öffnen ihre Ateliers. Wie zum Beispiel George Camille *(Kaz Zanana, Revolution Ave., Victoria, Mahé, www.GeorgeCamille.sc)*. Der Maler lässt sich in seinen Werken vom Indischen Ozean inspirieren, seine Schildkröten, Porträts und Naturschauspiele von Acryl bis Wasserfarbe sind täuschend echt! Auch Donald Adelaide *(Baie Lazare, Mahé, Tel. 59 30 38)*, Gerald Devoud *(Les Mamelles, Mahé, Tel. 34 41 48)* und Andrew Gee *(Baie Lazare, Mahé, Tel. 36 16 49)* empfangen Besuch in ihren Studios. Kunst zum Anfassen gibt es auch bei den Bildhauern Tom Bowers *(Anse à la Mouche, Mahé, Tel. 37 15 18)* und Antonio Filippin *(Anse Gouvernement, Baie Lazare, Mahé, Tel. 36 18 12)*. Wer's kompakter mag, besucht das *Seychelles Art Festival*, bei dem einmal im Jahr das Gros der einheimischen Künstler vertreten ist *(www.artseychelles.org/sc*, Foto*)*.

STRANDPICKNICKS

Dine with a View

Auf den Seychellen ist der neueste Gourmet-Trend das Picknick am Strand. Je romantischer, desto besser. Die Kulisse ist atemberaubend: Meeresrauschen und Sonnenuntergang. Dieses Ambiete könnte das Essen zur Nebensache werden lassen, doch beim sogenannten *dimans borlanmer* wird das aufgetischt, was die Inseln zu bieten haben: exotische Früchte und Fisch. Alles frisch und unglaublich lecker. Die Hotspots für Picknicker: Anse Takamaka im Südwesten sowie Port Launay Beach und Port Glaud im Nordwesten von Mahé. Besonderer Tipp: Mittwochs gehen die Locals zum *Labrin* (kreolisch für „Dämmerung"). Der Markt findet auf einer schmalen Straße statt, die von der Hauptstraße direkt zum Strand von Beau Vallon führt. Dort trifft man sich mit Freunden und Familie zum Dinner!

PSSST!

Leiser Sport

Sportarten ohne Lärm und großen Wirbel, dafür aber in Verbindung mit Naturerlebnissen, sind der letzte Schrei auf den Seychellen. Eine Herausforderung für naturbegeisterte Läufer ist der *Eco-Healing Marathon*: Für die 42 km Laufdistanz wird man mit wunderbaren Aussichten belohnt, denn die Strecke führt um die gesamte Nordhalbinsel von Mahé, von der Bucht von Beau Vallon bis zur Hauptstadt Victoria und wieder zurück (*www.seychellesmarathon.com*, Foto). Doch nicht nur Joggen ist angesagt, immer beliebter werden Ausritte durch den Tropenwald. Dabei fühlt sich der Reiter der Natur ganz nah. Ausritte organisiert unter anderem das *Utegangar Riding Centre* auf Mahé *(Barbarons und Grand' Anse an der Westküste, Tel. 71 23 55, 60 Euro für die erste, 45 Euro für jede weitere Stunde)*. Die dritte leise Sportart ist Biken! Radfahrer werden auf La Digue und Praslin fündig. Auf La Digue werden den Gästen die Räder bei der Ankunft am Hafen direkt in die Hand gedrückt – unkompliziert und umweltbewusst.

PARFUMS CRÉOLES

So duften die Inseln

Ein Duft wie tausend Blumen: Von der seychellischen Natur inspirierte Parfums sind wie ein Versprechen. Sie riechen nach Sonne, Meer und exotischen Pflanzen. Bei *Kreolfleurage Parfums (Mahé, North East Point, www.kreolfleurage.com,* Foto*)*, einer Parfum-Manufaktur, werden die Düfte mit dem Geruch einheimischer Pflanzen und Hölzer produziert. Ylang Ylang, Frangipani, Vanille oder doch lieber Takamaka? Alle Kreationen der deutschstämmigen Dagmar Ehlert werden in kleinen Flakons mit edlen Holzummantelungen abgefüllt! Zu kaufen gibt es die duftenden Kostbarkeiten in Victoria, zum Beispiel im *CoDev Ar Crafts Centre (Albert Street, Victoria, Mahé)*, sowie in kleinen Hotel-Shops und im Duty-Free-Shop am internationalen Flughafen von Mahé. Tipp: Die Parfums entfalten einen intensiven Duft, sodass einige wenige Tropfen an Hals und Handgelenk ausreichen.

STRANDGUT AM HALS

Schmuck aus der Natur

Halsketten, Ohrringe und Co. aus Korallen oder Schildpatt gehören der Vergangenheit an, auf den Seychellen ist Schmuck aus naturschutzgerechten Materialien angesagt. Motive sind häufig landestypische Symbole wie die *Coco de Mer* oder Umrisse der Inseln, bei den Materialien wird's vielseitiger: Bei *Kreolor* in Victoria zum Beispiel sind handgemachte Kleinodien im Angebot, in die neben dem Gold, das dem Laden den Namen gab, auch Perlen und Muschelschalen, Holz und Granit eingearbeitet sind. Die Ketten und Armbänder, die meist in Erdtönen gehalten sind, lassen sich so hervorragend zu bunten Kleidern kombinieren. *(Camion Hall, Albert Street, Victoria, Mahé, www.kreolorseychelles.com/product.htm,* Foto*)*

> FARBENPRACHT UND LEBENSFREUDE

Inseln, auf denen die Welt noch einigermaßen in Ordnung ist

BEVÖLKERUNG

Rund 85000 Seychellois, kreolisch *Seselwa*, leben auf den 115 Inseln, die die Republik Seychellen bilden. Die Besiedlung konzentriert sich auf die beiden Inseln Mahé und Praslin. Hier und auf einigen kleineren Inseln in der Umgebung leben annähernd 90 Prozent der Bevölkerung. Auf Mahé ist die Bevölkerungsdichte mit etwa 400 Einwohnern pro Quadratkilometer am größten. Die Seychellen haben eine sehr junge Bevölkerung: 26 Prozent der Einwohner sind gegenwärtig jünger als 14 Jahre, das Durchschnittsalter beträgt 28,4 Jahre.

COCO DE MER

Eine botanische Rarität ist die *Coco de Mer*, die nur auf Praslin und Curieuse gedeiht (ein paar Exemplare stehen allerdings auch im botani-

Bild: Markt in Victoria auf Mahé

STICH WORTE

schen Garten von Victoria). Ihren Namen erhielt sie bereits vor der Entdeckung der Seychellen. Da man die Inseln nicht kannte, hielt man die an anderen Küsten angeschwemmten Nüsse für Früchte eines riesigen Unterwasserbaumes. An der Coco de Mer ist alles groß: Der Samen, aus dem sie wächst, gilt als der größte in der Botanik, der Stamm ragt selbst aus dem dichtesten Wald heraus, und die Nuss bringt gute 20 kg auf die Waage. Die Blätter sind großflächig und ihre Stiele so lang, damit sie mit anderen Pflanzen besser um das spärliche Licht konkurrieren können. Legendenhaft ist die Art, wie sich die Coco de Mer nach Meinung der Einheimischen fortpflanzt. Die männliche Pflanze besitzt einen phallusartigen Fortsatz, das passende Gegenstück soll in der Frucht am weiblichen Baum sein. In stürmischen Nächten, so die Meinung der Seychellois, gelingt den Bäumen die Fortpflanzung, ein Vorgang, den aber noch niemand je beobachtet hat. Botaniker haben eine profanere Erklärung: Die ausgereiften Nüsse fallen zu Boden, und nach etwa einem Jahr bildet sich ein Keimling, der Wurzeln schlägt und im Laufe von vielen Jahren zum Baum emporwächst. Ein Vierteljahrhundert dauert es, bis der junge Baum erstmals selbst Früchte trägt. Seine Lebenserwartung beträgt vermutlich 200 bis 400 Jahre. Jahrhundertelang galt die Coco de Mer als Symbol für Reichtum und Wohlstand. Heute ist sie ein beliebtes, wenngleich voluminöses Mitbringsel von den Seychellen; rund 2000 Stück werden pro Jahr an Touristen verkauft.

ESMERALDA & CO.

Nirgendwo auf der Erde gibt es so viele Riesenschildkröten wie auf den Seychellen. Esmeralda ist die älteste unter ihnen und trotz des Namens ein Männchen. Er hat ein Gewicht von 298 kg. Schätzungen geben ihm ein Lebensalter von 120–150 Jahren. Die behäbigen Tiere sind Relikte aus einer vergangenen Erdepoche. Der Mensch hätte ihnen beinahe ein Ende bereitet, denn als die ersten Seefahrer auf die Seychellen kamen, dienten die Tiere als Fleischlieferanten. Nicht selten hatten die Schiffe, wenn sie wieder davonsegelten, Dutzende lebender Tiere an Bord, die dann auf der Fahrt über die Weltmeere bei Bedarf geschlachtet wurden. Die Folge war eine drastische Dezimierung des Bestands. Erst eine Schutzerklärung der Regierung und die internationale Ächtung des Genusses von Schildkröten(-suppe) machte dem Abschlachten der Tiere ein Ende. Außerdem wurden die Eiablage- und Brutplätze der Tiere für Menschen gesperrt. Seitdem steigt die Zahl der Schildkröten wieder an. Heute gibt es auf den Seychellen ca. 150000 Riesenschildkröten. Die meisten Tiere

Ein stattlicher alter Herr: die Riesenschildkröte Esmeralda auf Bird Island

leben auf dem Aldabra-Atoll, aber auch auf fast allen anderen Inseln der Seychellen sind sie zu finden.

FAUNA

Auf Bird Island lernen Sie nicht nur Esmeralda kennen, sondern – wie auf anderen Inseln auch – viele exotische Vögel: z. B. *Rußseeschwalben*. Auf La Digue können Sie den selten gewordenen *Paradiesschnäpper* treffen, im Aldabra-Atoll die *Weißkehlralle* oder den *Aldabra-Drongo*, einen Singvogel. Dazu kommen zahlreiche Möwen- und Schwalbenarten und für die Tropen typische Vögel, z. B. der *Weißschwanz-* oder der *Rotschwanztropikvogel*. Die stolzen *Bindenfregattvögel* sind mit einer Flügelspannweite von bis zu 2 m die mächtigsten Seevögel. Auf der Insel Frégate gibt es eine zoologische Rarität, die *Seychellen-Schamadrossel*. Von dem unscheinbaren schwarz-weißen Vogel gibt es heute wieder etwa 80 Exemplare, obwohl er noch vor wenigen Jahren vom Aussterben bedroht war. Possierliche Tierchen sind die *Eidechsen*, *Salamander* und *Geckos*. Letztere sind besonders beliebt, weil sie sehr gern Ungeziefer fressen.

FLORA

Einst waren fast alle Inseln von dichtem Urwald bedeckt. Heute ist die Vegetation durch den Menschen geprägt. An ihrer Üppigkeit hat sie gleichwohl kaum etwas eingebüßt. Die größte Vielfalt erlebt man auf der Hauptinsel Mahé. Allerdings sind gerade hier die Spuren des zu sorglosen Umgangs mit der Natur sichtbar: Wo sich einst Mangroven- und Edelholzwälder ausdehnten, dominieren heute artenarme bzw. mit ursprünglich habitatfremden Pflanzen durchsetzte Sekundärwälder. Sie bestehen meist aus Kokospalmen und aus den importierten Arten *Eukalyptus* und *Albizzia* sowie aus Zierpflanzen wie *Hibiskus* oder *Bougainvillea*. Nur noch in höheren Lagen trifft man auf ursprüngliche Nebelwälder.

Auf den Seychellen gibt es viele Pflanzen, die es anderswo auf der Erde nicht mehr oder nur noch in geringer Zahl gibt. Manche davon waren nicht immer dort heimisch, etliche Arten wurden als Samen oder Setzlinge von anderen Inseln hierher gebracht. Zu den botanischen Raritäten gehören z. B. der *bwa fer* (Eisenholzbaum), von dem es nur noch wenige Exemplare gibt, oder der *Quallenbaum*, dessen Blüten quallenähnlich aussehen. Nur auf den Seychellen beheimatet ist auch die *Seychellenvanillenorchidee* mit großen, weißen Blüten.

Zahlreich vertreten sind Palmen. Da gibt es z. B. die *Palmiste:* Aus ihrem weichen Ende am oberen Stamm wird der feine „Millionärssalat" gemacht. Wirtschaftlich am bedeutendsten sind die *Kokospalme*, die von der Wurzel bis zum Palmblatt verarbeitet wird, und der *Zimtbaum*, den der französische Gouverneur Pierre Poivre 1772 aus Ceylon (heute Sri Lanka) importierte. Die Rinde des Baumes wird zum Gewürz zermahlen. Nachdem der Anbau lange Jahre unrentabel war, lohnt er sich heute wieder. Weitere wichtige Gewürzpflanzen sind *Gewürznelke*, *Vanille*, *Zitronelle* und *Patschuli*.

GEOGRAFIE

Der Archipel der Seychellen erstreckt sich, wenn man die 200-Meilen-Zone hinzuzählt, über eine Fläche von nicht weniger als 1 Mio. km². Die eigentliche Landfläche nimmt jedoch nur 454 km² ein. Die geografische Lage entspricht 3° 43' bis 10° 8' südlicher Breite und 46° 10' bis 56° 20' östlicher Länge. Die Entfernung zwischen der Hauptinsel Mahé und dem afrikanischen Festland beträgt etwa 1600 km. Zwischen Frankfurt/M. und Mahé liegen 7565 km Luftlinie.

KLIMA

Die jahreszeitlichen Temperaturunterschiede halten sich in Grenzen. Die mittlere Jahrestemperatur beträgt 26,6 Grad, heißer als 32 Grad wird es nur selten. Angenehm und trocken sind die Monate Mai bis Oktober mit manchmal starkem Südostmonsun. Heißer und feuchter sind die Monate Dezember bis März, wenn der Monsun aus Nordwesten kommt. Durch die große Ausdehnung des Archipels ist mit regional unterschiedlichen Klimabedingungen zu rechnen. Die Wassertemperatur liegt das ganze Jahr über stabil bei 26–30 Grad, die Sonnenscheindauer beträgt im Schnitt 6–8 Stunden täglich.

KREOLISCH

Kreolsprachen entstanden vor allem in den überseeischen Gebieten europäischer Kolonialmächte, wo sich die dort gesprochenen Sprachen und Dialekte mit jenen vermischten, die die Kolonisatoren mitbrachten. Das auf den Seychellen gesprochene Kreolisch heißt *Seselwa* und erinnert in Phonetik und Syntax an das Französische. Es ist heute Amtssprache und wird in den Schulen als offizielle Unterrichtssprache benutzt.

NATIONALPARKS

Unter Naturschutz stehen u.a. die Inseln Aride, Cousin und Curieuse sowie der Morne Seychellois National Park auf Mahé. Schutz als Weltnaturerbe genießen das Vallée du Mai auf Praslin sowie das Aldabra-Atoll; geschützt sind auch Teile der die Inseln umgebenden Meeresflächen. Rücksichtnahme vorausgesetzt, ist Baden gestattet. Hier zwei der besonders interessanten Meeresnationalparks:

Baie Ternay an der Westspitze von Mahé umfasst 80 ha. Bemerkenswert sind diverse Seegräser (etwa die *Turbinia*). Das Korallenriff regeneriert sich erst langsam wieder. Taucher haben es in früheren Jahren beschädigt. Die Karettschildkröten bevorzugen die Baie Ternay als Laichplatz.

Der *Curieuse-Nationalpark* vor Praslin umfasst 1470 ha. Er besteht zu vier Fünfteln aus Land- und zu einem Fünftel aus Wasserfläche. Zum Park gehören die Insel Curieuse sowie der Kanal, der die Insel von der Anse Boudin trennt. Als schutzwürdig gelten hier die sonst nirgendwo wild wachsende Coco de Mer sowie der Mangrovenwald der Turtle Bay.

RELIGION

Annähernd 90 Prozent der Bevölkerung bekennen sich zum katholischen Glauben; der sonntägliche

Kirchgang spielt eine große Rolle. Dennoch pflegen viele Seychellois insgeheim ihre Vorlieben für Aberglauben, Mystik und Zauberei, deren Grundlagen an den westafrikanischen Voodookult erinnern – ein Synkretismus, wie er typisch ist für ehemalige Sklavengebiete. Die Zauberer sind z.B. dann gefragt, wenn jemand herausfinden möchte, warum sich die Freundin so merkwürdig verhält, oder wenn jemand eines plötzlichen Todes gestorben ist.

WIRTSCHAFT

Der wichtigste Wirtschaftszweig ist der Tourismus, mit dem über 70 Prozent der Deviseneinnahmen und rund ein Drittel des Bruttosozialprodukts erwirtschaftet werden. Von Bedeutung sind noch die Fischerei und die Herstellung von Kopra, bis vor ein paar Jahrzehnten das Hauptexportprodukt. Das getrocknete Fruchtfleisch der Kokosnuss wird als Grundstoff in der chemischen Industrie benötigt. Es dient u.a. zur Herstellung von Seife, Shampoo, Waschmittel, Kerzen und Kunstharzlack. Immer noch nehmen Kokosplantagen den größten Anteil der landwirtschaftlich genutzten Fläche ein und bieten einem Großteil der Bevölkerung Arbeit. Industrie gibt es nicht, sieht man einmal von einer Fischkonservenfabrik auf Mahé ab. Die wichtigsten Ausfuhrgüter sind neben Kopra und Dosenfisch Gewürze wie Zimt oder Vanille.

Aus Kokosnüssen wird das wichtige Exportgut Kopra hergestellt

LEBENSFREUDE PUR

Die Seychellois sind ein fröhliches Volk, selbst der Kirchgang wird zum Fest

> Es gibt tausend Gründe, ein Fest zu feiern: Nach diesem Motto leben und handeln die Bewohner der Seychellen – eine positive Einstellung zum Leben, die ansteckend ist. Ausdruck ihrer Lebensfreude ist z. B. der Sega, ein Tanz, dessen Herkunft eindeutig im nahen Afrika zu suchen ist. Unverfälscht ist die Sega freilich nur noch auf den entlegeneren Inseln zu sehen. In den Diskotheken auf Mahé wird eine moderne Form zu heißen Diskorhythmen getanzt. Dann gibt es noch die Kamtole-Tänze, die zwar viel mit dem amerikanischen Square Dance und dem schottischen Reel gemeinsam haben, jedoch aus dem alten Frankreich stammen, wo sie Contredanse genannt wurden. Dabei ruft ein so genannter *Komander* den Tanzenden zu, welche Figuren jeweils auszuführen sind. Ein weiterer beliebter Tanz auf den Seychellen ist die Moutia, die ursprünglich Lieder und Gebete der Sklaven zum Inhalt hatte. Sie geriet in den Ruf der Unanständigkeit, weil – vor allem in den Augen des Klerus – die Bewegungen manchmal frivol und unzüchtig seien. Die Moutia wird meist nachts unter freiem Himmel und spontan getanzt. Vor Beginn wird ein loderndes Feuer zum Spannen der Ziegenhauttrommeln entzündet, das die Tänzer und ihre Bewegungen in einem fast gespenstischen Licht erscheinen lässt.

GESETZLICHE FEIERTAGE

1./2. Jan. *Neujahr, Karfreitag;* **1. Mai** *Tag der Arbeit, Fronleichnam;* **5. Juni** *Tag der Befreiung (Machtergreifung);* **18. Juni** *Nationalfeiertag;* **29. Juni** *Unabhängigkeitstag;* **15. Aug.** *Mariä Himmelfahrt;* **1. Nov.** *Allerheiligen;* **8. Dez.** *Mariä Empfängnis;* **25. Dez.** *Weihnachten*
Auf den Seychellen gilt: Fällt ein Feiertag auf einen Sonntag, so ist der darauf folgende Montag ebenfalls arbeitsfrei.

FESTE

Man kann sich darauf verlassen, dass immer irgendwo auf einer der Inseln, in irgendeinem Dorf *spontane Straßenfeste* gefeiert werden. Insi Ti

Aktuelle Events weltweit auf www.marcopolo.de/events

> EVENTS FESTE & MEHR

Selbst der ★ *Kirchgang am Sonntag* wird zum Fest, vielleicht deshalb, weil es die Woche über sonst wenig Abwechslung gibt. Fein herausgeputzt marschieren die Gottesdienstbesucher auf. Da sich fast alle Bewohner der Seychellen zum katholischen Glauben bekennen, spielen die kirchlichen Feste auch eine besonders große Rolle im Jahreslauf.

Feierliche ★ *Prozessionen* gibt es an Mariä Himmelfahrt; besonders berühmt für ihre malerischen Umzüge sind die Bewohner von La Digue.

Der *Jahrestag des Staatsstreichs* am 5. Juni wird – wie auch der *Unabhängigkeitstag* am 29. Juni – mit Umzügen in Victoria auf Mahé und mit etlichen anderen Festivitäten (sportliche Wettkämpfe, Kinderfeste usw.) begangen.

VERANSTALTUNGEN

Alljährlich im Oktober findet auf Mahé das ★ *Festival Kreol* statt, bei dem noch traditionelle Tänze zu sehen sind und kreolische Musik zu hören ist. Gerade weil die Chance, ursprüngliche Kultur miterleben zu können, von Jahr zu Jahr geringer wird, hat dieses Festival seine Daseinsberechtigung und Bedeutung für die Aufrechterhaltung der Traditionen. Das Festival verbindet Folklore mit ernsthafter akademischer Forschung, für die vor allem das Forschungsinstitut *Lenstiti Kreol* an der Anse aux Pins zuständig ist. Weitere Höhepunkte sind die Musikschau *Lakadans*, Modenschauen *(Defile Lanmod)* und der Sonntag am Meer *(Dimans Kreol Bor Lanmer)* am Strand von Beau Vallon auf Mahé.

Seit seiner Gründung verbindet das Unterwasserfestival *SUBIOS* (Okt./Nov.) Tauchen und Schnorcheln während des Tages mit Dia-, Film- und Videovorträgen und Veranstaltungen in verschiedenen Hotels am Abend, meist unter der Leitung von Berufsfotografen und professionellen Filmemachern. Der Unterwasserfotowettbewerb richtet sich sowohl an Fotografen als auch an Videofilmer. Information: www.subios.com

Insider Tipp

> PROBIEREN SIE DOCH MAL EIN FISCHCURRY!

Die seychellische Küche ist bodenständig und von Reis- und Fischgerichten bestimmt, aber sie bietet auch Überraschungen

> Für das, was in seychellischen Töpfen oder Pfannen gekocht, gebraten und gebacken wird, ist die Bezeichnung „kreolische Küche" streng genommen nicht präzise genug. So spricht man besser von der Küche der Seychellen, die – inspiriert von der ethnischen Vielfalt der hier lebenden Menschen – gewisse Anleihen nicht verleugnen kann.

Jede Bevölkerungsgruppe hat Elemente ihrer eigenen Kochkunst mitgebracht. Deshalb findet man asiatische, indische, und afrikanische Gerichte ebenso wie europäische. Letztere sind dann meist Überbleibsel der Kolonialzeit. Seychellische Köche würzen nur selten stark, vielmehr werden Gewürze wie Gelbwurz, Nelken, Zimt, Ingwer, Knoblauch, Minze, Peperoni, Kardamom und Muskat zu harmonischen Kombinationen zusammengestellt. Die Sorgfalt, die man dabei aufwendet, ist Voraussetzung dafür, dass der Eigenge-

ESSEN & TRINKEN

schmack des Hauptbestandteils eines Gerichts nicht überdeckt wird.

Eine Anleihe an die indische Küche sind die *Currys*. Sie gibt es in unterschiedlichsten Variationen, von denen sich jede einzelne durch ihren individuellen Geschmack auszeichnet. Beliebt sind z. B. Gemüsecurrys, bei denen verschiedene Sorten Gemüse klein geschnitten, in einem Topf gegart und dann mit der besagten Currymischung gewürzt werden.

Auch aus Fischen (z. B. dem Bonito) lässt sich ein wohlschmeckendes Curry zubereiten. Wenn ein Curry nicht zu scharf sein soll, wird es mit Kokosnussmilch abgemildert.

Ein Hauptgericht besteht so gut wie immer aus Fisch, Hühner- oder Rindfleisch. Fisch ist preiswert, er wird rund um die Inseln gefangen und meist noch am selben Tag verkauft. Doch gibt es auch hier Unterschiede: Als Armeleutefisch gilt z. B.

der zur Familie der Thunfische zählende Bonito. Teurer und deshalb für die Einheimischen eher ein Festtagsgericht sind Schwertfisch, Oktopus und Makrele, die man auf fast jeder Speisekarte findet. Eine typisch seychellische Spezialität ist der *Bourzwa,* der auch als *red snapper* bekannte Rote Schnapper. Er wird meist im Ganzen serviert und genügt seiner Größe wegen meist für eine ganze Tafelrunde. Köstlich schmeckt auch der Schwertfisch, der als Grillsteak angeboten wird. Zu den besonderen Delikatessen zählen Hummer, Krebse und Langusten; sie werden zumeist in gegrillter Form serviert.

Eine Mahlzeit beginnt oft mit einer Suppe (hier wird sie, egal, was drin ist, *bouyon* genannt). Unter den Vorspeisen ragt der „Millionärssalat" hervor, der seinen Namen nicht zu

> SPEZIALITÄTEN

Genießen Sie die typisch seychellische Küche!

bouyon bred – Suppe aus Chinakohl mit Gewürzen (Knoblauch, Ingwer, Pfeffer u. a.)

kari pwason – eine Vielzahl verschiedener Fische lässt sich zu Fischcurry verarbeiten, dem man durch Beimischung von Tamarinden einen leicht säuerlichen Geschmack gibt

kari zourit – kremiges Oktopuscurry, das mit frischer Kokosmilch und Zimtblättern zubereitet wird

ladob banann – beliebter Nachtisch, bei dem Bananen mit Zucker, Salz und Vanille in Kokosmilch gekocht werden

lasos kreol – kreolische Sauce aus Tomaten, Zwiebeln, Bilimbifrüchten, Knoblauch, Ingwer und Chilischoten, die zum Marinieren von Fisch oder als Sauce dient

lasoup pwason – Suppe von zartem, weißem Fisch, der mit Zwiebeln in Öl angebraten und dann mit Wasser und Gewürzen aufgekocht wird

lasoup tektek – Muschelsuppe aus winzigen weißen Muscheln, die am Strand gesammelt werden, und die meist mit Kürbis zubereitet wird

pwason griye – gegrillter Fisch (z. B. Thunfisch) wird meist in Knoblauch, Ingwer, Zwiebeln und Pfefferschoten mariniert und mit einer exotisch-pikanten kreolischen Sauce aus einheimischen Gewürzen zu Reis serviert (Foto)

pwason sale – gesalzener, getrockneter Fisch wird hauptsächlich in der fischärmeren Jahreszeit (während des Südostmonsuns) angeboten

satini – zu allen Gerichten können Chutneys aus einheimischen Früchten wie Mango oder Papaya oder auch Kokosnuss gereicht werden

stek ton – frischer Thunfisch, der in kreolischer Sauce mariniert und dann gegrillt oder gebacken wird

Unrecht trägt. Er wird nämlich aus dem Herz der Palmiste-Palme gemacht, die man dazu fällen müsste. Da dies jedoch verboten ist, muss man warten, bis eine Palme von selbst umfällt – und weil dies nur selten passiert, ist der Preis entsprechend hoch. Im Restaurant wird zu jeder Mahlzeit gekochter Reis gereicht, manchmal gibt es auch Kartoffeln, dann meist in Form von Pommes frites. Die Einheimischen bevorzugen als Beilage Maniok, Süßkartoffeln, Brotfrucht oder grüne Bananen.

Als teure Nachtisch-Delikatesse gilt das noch nicht ganz ausgereifte und deshalb sehr süße Gelee der *Coco de Mer*. Auch für Normalbürger erschwinglich sind verschiedene Früchte, *Daubes* genannt. Sie werden in Kokosmilch gegart. Außerdem gibt es natürlich Bananen – je kleiner sie sind, desto süßer schmecken sie. Passionsfrüchte, Avocados, Papayas und Orangen werden ganz frisch auf dem Markt in Victoria angeboten. Nicht zu vergessen sind die Kokosnüsse, die nicht nur ein erfrischendes Fruchtwasser haben, sondern auch ein wohlschmeckendes Fleisch.

Auch unter den Getränken findet man eine einheimische Spezialität, den *Calou*. Das ist der halbvergorene Saft von noch unreifen Kokosnüssen, der eine leicht berauschende Wirkung hat. Alkoholische Getränke gibt es zwar, weil sie jedoch importiert werden müssen, sind sie recht teuer. Eine Ausnahme bildet das *Seybrew*-Bier, das nach den Regeln des deutschen Reinheitsgebots in der Nähe von Victoria gebraut wird. Grund dafür ist eine Kooperation von Seybrew mit der EKU-Brauerei in Kulmbach.

Jedes Hotel auf den Seychellen betreibt mindestens ein eigenes Restaurant, und auch Nichthotelgäste sind hier fast überall willkommen. Wer jedoch ausschließlich hier isst,

Es ist angerichtet!

wird vielleicht eine der größten Urlaubsfreuden verpassen. Es gibt nämlich eine ganze Reihe von Spezialitätenrestaurants auf Mahé, Praslin und La Digue, die köstliche kreolische Kreationen auf den Tisch bringen. Empfehlenswerte Restaurants finden Sie in den Beschreibungen im Hauptteil dieses Reiseführers unter der Rubrik „Essen & Trinken".

DREIMASTER UND KOKOSNÜSSE

Nur wenige Reiseandenken kommen wirklich von den Seychellen

> Die meisten Geschäfte für Souvenirs finden Sie in Victoria, der Hauptstadt der Seychellen, und dort im Stadtzentrum. Hier gibt es einige kleine Holzhütten, in denen lokales Kunsthandwerk feilgeboten wird. Die Preise sind hier allerdings oft überteuert, und Handeln ist kaum möglich. Bedenken sollten Sie auch, dass vieles gar nicht von den Seychellen stammt, sondern den Herkunftsnachweis „Made in Hong Kong" trägt. Für normale Einkäufe bietet sich das fast am Ende der Independence Avenue gelegene *Ocean Gate House* mit mehreren Geschäften an. Hier gibt es auch kleine Galerien.

BRIEFMARKEN

Die farbenprächtigen, zum Teil großformatigen Briefmarken der seychellischen Post mit liebevoll und detailgetreu gestalteten Motiven sind bei Sammlern in aller Welt beliebt und stellen eine wichtige Einnahmequelle für die Postbehörde dar. Besonders geschätzt sind Ersttagsbriefe, die Sie – wie auch einzelne Briefmarken oder komplette Sätze – zum Ausgabepreis an einem Sonderschalter im Hauptpostamt von Victoria erhalten. Dort können Sie auch ein Abonnement auf künftige Neuerscheinungen abschließen, die Marken werden Ihnen dann regelmäßig nach Hause geschickt. Alte Briefmarken gibt es bei *A. R. Pillay (Pailomel St. | Victoria | Tel. 322390)*.

COCO DE MER

Das wohl gewichtigste und außergewöhnlichste Mitbringsel von den Seychellen ist die Meereskokosnuss *Coco de Mer* (seychellisch: *koko dmer*). Etwa 2000 dieser Nüsse werden jährlich zu Souvenirs verarbeitet; nur solche mit einem offiziellen Zertifikat dürfen exportiert werden, da die Palme unter Artenschutz steht. Preiswert sind die Coco de Mer im Botanischen Garten auf Mahé erhältlich, rechnen Sie mit einer Ausgabe zwischen 150 und 300 Euro. Vorsicht: Wenn Sie versuchen, eine Coco de Mer ohne Zertifikat auszuführen, kann dies mit einer ordentlichen Geldstrafe

> EINKAUFEN

nicht nur bei der Ausreise von den Seychellen, sondern auch bei der Einreise nach Europa geahndet werden.

GEWÜRZE & TEE

Vanille, Zimt und andere Gewürze von den Seychellen sind preiswert am besten auf dem Markt in Victoria erhältlich *(S. 34)*. Es gibt sie aber auch auf den anderen Inseln und dort in Lebensmittelgeschäften. Hier können Sie auch seychellischen Tee kaufen, allerdings ist die Auswahl recht bescheiden.

KUNSTHANDWERK

Kunstvolle wie auch schlichte Töpferwaren und Batikarbeiten gibt es im 14 km von Victoria entfernten Kunsthandwerkerdorf *Vilaz Artizanal* an der Straßen zwischen Victoria und der Anse Royale. In kleinen, buntbemalten Hütten bieten hier einheimische Kunsthandwerker ihre Produkte an *(S. 46)*. Bekannt für schöne Batikarbeiten ist auch *Ron Gerlach,* sein Atelier finden Sie auf Mahé am südlichen Ende der Beau Vallon Bay *(Tel. 247875)*. Im *Kenwyn House* an der Francis Rachel Street von Victoria *(Tel. 224440)* gibt es nicht nur kunsthandwerkliche Souvenirs, sondern auch edle Schmuckstücke.

SCHIFFSMODELLE

Ein nicht ganz billiges Reiseandenken sind die nach historischen Plänen und Zeichnungen maßstabsgetreu gebauten Schiffsmodelle. Direkt ab Werkstatt sind sie billiger als in Souvenirläden, außerdem bekommen Sie dort einen Eindruck davon, wie zeitaufwändig die Herstellung eines solchen Modells wie z.B. der „Santa Maria" aus der Flotte von Christoph Kolumbus ist. Berühmt sind die Modellbauer von *La Marine Model Ships* in La Plaine St. André auf Mahé *(Mo–Fr 9–16 Uhr | Tel. 371441)*. Eine gute Adresse ist auch die Boutique *Souverains des Mers* in Le Rocher *(5 km südlich von Victoria | Tel. 323696)* mit einer ständigen Auswahl von ca. 40 Modellen. Wenn Sie ein Schiffsmodell kaufen, sollten Sie auf solide Verpackung achten!

> PALMEN, STRÄNDE UND DIE KLEINSTE HAUPTSTADT DER WELT

Hier kommt man an, und viele finden schon hier ihr kleines Paradies auf Erden

> Mit einer Fläche von 152 km² ist Mahé mit Abstand die größte Insel der Seychellen – und auch die am dichtesten bevölkerte. Ihre Länge beträgt in nordsüdlicher Richtung 27 km, ihre größte Breite nur 8 km. Mahé ist normalerweise für alle Besucher der erste Berührungspunkt mit den Seychellen, denn hier liegt der einzige internationale Flughafen.

Wie die meisten Inseln der Seychellen ist auch Mahé aus Granit; ihre höchste Erhebung, der im Norden, südlich von Victoria gelegene *Morne Seychellois*, erreicht eine Höhe von beachtlichen 905 m. Weitere herausragende topografische Merkmale sind die Gipfel der *Trois Frères* (699 m), des *Morne Blanc* (667 m) und des *Mount Harrison* (688 m).

Der Westen ist stark zergliedert und bergiger als der flachere Osten. Die schönsten Strände von Mahé finden sich an der Westküste: Es sind

Bild: Anse Takamaka, Mahé

MAHÉ

die *Grand' Anse,* die *Anse à la Mouche* und die *Baie Lazare.* An der Ostküste wurde für die „Indian Ocean Games" des Jahres 1993 zwischen der Hauptstadt Victoria und dem internationalen Flughafen eine ganze Korallenlagune trocken gelegt. Auf diesem Gelände sind moderne Sportstätten und Wohnsiedlungen entstanden.

In den vergangenen Jahren wurde an der Ostküste durch Aufschüttung neues Land gewonnen, um der drohenden exzessiven Bebauung der Berghänge von Mahé entgegenzuwirken. *Eden Island* heißt das Projekt eines südafrikanischen Investors: Hier sollen 450 luxuriöse Häuser und Appartements für wohlhabende Seychellois und Ausländer entstehen. Die Insel liegt nur 50 m von der Küste entfernt und ist durch einen Damm mit dem Festland verbunden *(www.edenisland.sc)*.

VICTORIA

KARTE AUF SEITE 37

[113 E2] Glaubhaften Quellen zufolge ist Victoria die kleinste Hauptstadt der Welt, jedenfalls aber die einzige Stadt der Seychellen. Von ihrer Umgebung ist sie nur schwer abzugrenzen, der Übergang zwischen dem Zentrum und den Vororten ist fließend. Victoria ist in sechs Distrikte unterteilt: Bel Air, ein Teil von English River, Mont Fleuri, Mount Buxton, Plaisance und St. Louis. Etwa 23 000 Menschen leben hier – rund ein Drittel der seychellischen Gesamtbevölkerung. Victoria ist selbstverständlich Sitz der Regierung, beherbergt alle Behörden und ist damit der Mittelpunkt des öffentlichen Lebens. Das spielt sich vor allem an den Wochentagen ab – sonntags ist das Städtchen still und verlassen.

Gut beschirmt: Kleinkind in Victoria

★ *Bel Air* selbst ist so etwas wie der Nobelvorort von Victoria. An einigen Stellen öffnet sich ein grandioser Blick auf Victoria und das Hafengebiet. Von hier aus sind es über die Sans Souci Road nur wenige Kilometer bis nach *Sans Souci,* wo die Häuser spärlicher und die Wälder dichter werden. In einer Villa etwas abseits der Straße fand 1956 der zypriotische Erzbischof Makarios ein vorläufiges Zuhause, als er die Mittelmeerinsel aus politischen Gründen verlassen musste.

SEHENSWERTES

BOTANISCHER GARTEN ★

Von fast allem, was auf den Seychellen an botanischen Raritäten wächst, gibt es in dem bereits 1771 begründeten botanischen Garten mindestens ein Exemplar. Gleich beim Eingang sieht man rechts und links des Weges die einzigen *Coco-de-Mer-Bäume,* die außerhalb der Inseln La Digue, Praslin und Curieuse wachsen. Der obere Teil des Parks ist weitgehend naturbelassen. Dort gibt es auch ein kleines Restaurant. Neben dem botanischen Garten lohnt der sich anschließende *Bel Air Orchid Garden* einen Besuch. Dort sind etwa 150 Orchideenarten aus aller Welt zu sehen. Einen Führer gibt es am Eingang. *Oberhalb der Mont Fleuri Road | tgl. 8–17 Uhr | Eintritt 5 Euro*

CATHEDRAL OF THE IMMACULATE CONCEPTION

Wenn Sie vom Markt aus durch die Church Street in nördlicher Richtung weiter gehen, stoßen Sie auf die 1874 geweihte Kathedrale der Unbefleckten Empfängnis. Sonntags werden hier die ehelich geborenen Kinder getauft – freitags die unehelichen. Weil drei Viertel des seychellischen

Nachwuchses unehelich geboren werden, haben die Priester freitags alle Hände voll zu tun. Die Glocken des dazugehörigen Turms erlangten übrigens eine gewisse literarische Berühmtheit. In seinem Roman „Where the Clock Chimes Twice" erwähnt der englische Schriftsteller Alec Waugh die Besonderheit, dass sie die vollen Stunden immer zweimal schlagen: einmal zur richtigen Zeit und das zweite Mal für Tagträumer und Langsame zwei Minuten später. In dem Haus neben der Kathedrale wohnen Mönche des Kapuzinerordens.

DENKMÄLER

Auf dem Kreisel, wo sich die Independence Avenue mit der 5th June Avenue kreuzt, steht eine moderne Plastik. Sie ist ein Symbol für die Kontinente Afrika, Asien und Europa – von wo die meisten Seychellois stammen. Bemerkenswert ist auch das *Zonm lib,* die stilisierte Figur eines Mannes, der seine zerrissenen Sklavenketten in Händen hält *(an der 5th June Avenue).*

FRIEDHOF VON BEL AIR ★

Wenn Sie an der Revolution Avenue in südlicher Richtung in die Bel Air Road abbiegen, erreichen Sie nach wenigen Hundert Metern den gleichnamigen Distrikt. Linker Hand liegt der vor kurzem wiederhergerichtete Friedhof von Bel Air. Die Inschriften auf den verwitterten Grabsteinen sind leider kaum noch zu entziffern. Es sollen auch Gräber von Piraten darunter sein. Vielleicht finden Sie ja

MARCO POLO HIGHLIGHTS

★ Bel Air
Von hier gibt es grandiose Ausblicke auf Victoria und das Hafengebiet (Seite 32)

★ Botanischer Garten
Einer der ältesten der Welt (Seite 32)

★ Friedhof von Bel Air
Auf der Suche nach Ludwig XVII. (Seite 33)

★ Markt
Victorias Treffpunkt für Einheimische und Urlauber (Seite 34)

★ Nationalmuseum
Geschichte hautnah: Ein Besuch dauert nicht lang, wirkt aber nach (Seite 35)

★ Auberge Louis XVII
Grandioser Blick über die Bucht von Mahé und Essen vom Feinsten (Seite 36)

★ Wandern auf Mahé
Routen gibt es von leicht bis mittelschwer (Seite 38)

★ Cerf Island
Warum in die Ferne schweifen ... (Seite 40)

★ La Scala
Die Lage des Restaurants im Norden von Mahé ist atemberaubend, und die Küche verdient Lob (Seite 43)

★ Anse Intendance
So ungestüm kann das Meer sein (Seite 45)

das Grab von Louis Poiret, der Zeit seines Lebens beteuerte, Ludwig XVII. und damit König von Frankreich zu sein, was mittlerweile von Wissenschaftlern durch Gentests allerdings eindeutig widerlegt werden konnte.

HINDUTEMPEL ARUL MIHU NAVASAKTHI VINAYAGAR

Unweit des Zentrums von Victoria befindet sich der einzige Hindutempel der Seychellen. Er wurde 1992 errichtet und nach Vinayagar, dem Gott der Sicherheit und des Wohlstands, benannt. Beachtenswert ist der reich mit hinduistischen Gottheiten verzierte Torturm, Gopuram genannt. *Quincy Street | tgl. 6–12 und 17–21 Uhr | Eintritt frei*

Am frühen Morgen ist das Angebot auf dem Markt von Victoria am besten

GRAND TRIANON

Dieses im kolonialen Stil erbaute Haus an der Revolution Avenue hatte einst einen berühmten Gast: Auf der Suche nach seinem Kollegen David Livingstone legte hier der bekannte britische Afrikaforscher Henry Morton Stanley (1841–1904) einen Zwischenstopp ein. Heute ist in dem schönen Haus das Insider Tipp Restaurant *Marie Antoinette* (*siehe „Essen & Trinken“*) untergebracht. *Revolution Avenue*

MARKT ★

Wenn Sie Victoria an einem Samstagmorgen besuchen, lohnt es sich in jedem Fall, über den kleinen *Sir Selwyn Selwyn Clarke Market* zu schlendern. Er liegt etwas zurückgesetzt an der Albert Street, nur 150 m vom Uhrturm entfernt. Um ihn in seiner ganzen Farbenpracht erleben zu können, müssen Sie allerdings so früh aufstehen wie die Seychellois. Die kommen nämlich schon ab 6 Uhr, um ihren Wochenendeinkauf zu erledigen, weil dann das Angebot am besten ist. In den Läden rund um den Markt macht es Spaß, ein bisschen zu stöbern. Vielleicht finden sie in dem kunterbunten Sortiment ein hübsches Souvenir. Halten Sie reichlich Kleingeld für den Einkauf bereit, da die wenigsten Händler größere Scheine wechseln können. *Albert Street*

NATIONALMUSEUM ★

Kurz hinter dem Clock Tower liegt an der Francis Rachel Street das Nationalmuseum der Seychellen. Es vermittelt einen guten Einblick in die Geschichte des Archipels. Ausgestellt sind u. a. Dokumente und historische Seekarten, Waffen und Kanonen, Schiffsmodelle und traditionelle Musikinstrumente. Hier findet man auch den *Possession Stone*, den 1756 von Kapitän Nicolas Morphey aufgestellten „Stein der Besitzergreifung". Im Nationalmuseum finden auch regelmäßig lohnenswerte Kunstausstellungen statt. *State House Avenue | Mo–Fr 8.30–16.30, Sa 9–12 Uhr | Eintritt SR 10*

STADTZENTRUM

Um einen verbreiteten Irrtum gleich auszuräumen: Der *Clock Tower* (Uhrturm), markanter Orientierungspunkt kurz vor dem Ende der Independence Avenue, ist nicht etwa eine verkleinerte Nachbildung von Big Ben, sondern des Uhrturms an der Vauxhall Bridge in London. Als Geschenk der britischen Regierung wurde er 1903, als die Seychellen den ersten Schritt in die Eigenständigkeit machten, aufgestellt. Rund um den Uhrturm herrscht an Werktagen geschäftiges Treiben. Unweit davon findet man etliche Holzhäuschen mit Souvenirverkäufern, die Kunsthandwerk von den Seychellen anbieten, dazu eine größere Anzahl von Geschäften, Boutiquen, Banken und

> LOW BUDGET

- Nur drei Zimmer besitzt das hübsch gelegene Gästehaus *Les Manguiers,* etwa 15 Autominuten von Victoria entfernt. 60 Euro kostet die Nacht pro Zimmer, Selbstverpflegung ist obligatorisch, Küche ist vorhanden. Keine Aircondition! *Machabée | Mahé | Tel. 241455 | Fax 241766*
- Jeden Mittwoch ab 17 Uhr gibt es beim *Coral Strand Hotel* einen kleinen Basar, auf dem Sie bei Kerzenlicht nicht nur einheimische Kleinkunst und Musik erleben, sondern auch hübsche und preiswerte Souvenirs erwerben können.
- Sehnsucht nach italienischer Küche? Dann sind Sie in der *Baobab Pizzeria* am Ende der Beau Vallon Beach richtig. Die Holzofenpizza kostet ab SR 39, das Restaurant liegt direkt am Strand. *Tgl. | Tel. 247167*
- Die Unterwasserwelt der Malediven sollten Sie sich auf keinen Fall entgehen lassen. Kostenlose Tauch-Schnupperkurse bietet das *Underwater Centre* an der Beau Vallon Beach. *Tel. 247357 | www.diveseychelles.com*

Reisebüros. Auch die Hauptpost befindet sich hier. Wenn Sie links in die Francis Rachel Street abbiegen, sollten Sie unbedingt die hübschen bunten Holzhäuser im Kolonialstil beachten.

Insider Tipp

ESSEN & TRINKEN

AUBERGE LOUIS XVII

Hoch über der Bucht von Victoria liegt dieses Restaurant mit herrlichem Blick auf Meer und Inselwelt. Technikbegeisterte fasziniert eher die Möglichkeit, dass von hier aus die auf Mahé landenden Flugzeuge im Endanflug beobachtet werden können. Die Küche vereint geschickt kreolische mit internationalen Zutaten zu einer interessanten Kombination. Vorzüglich sind die Steaks! Empfehlung: Sie sollten unbedingt rechtzeitig reservieren, da nicht nur die Plätze knapp sind, sondern auch die Kapazität der Küche begrenzt ist. *So geschl. | La Misère Road | Tel. 34 44 11* | €€€

BELLE VUE D'OR

Wegen seiner vorzüglichen Fischgerichte nicht nur bei Besuchern, sondern auch unter Einheimischen bekannt. Authentische kreolische Küche, gute Weinauswahl. *Tgl. | La Louise | Tel. 34 44 33* | €€

MARIE ANTOINETTE

Insider Tipp

Das Besondere an diesem Restaurant ist die Tatsache, dass es hier nur ein (täglich wechselndes) kreolisches Mittag- und Abendmenü gibt. Speisekarten sind deshalb unnötig. Unbedingt vorher reservieren! *So geschl. | Grand Trianon | Revolution Avenue | Tel. 26 62 22* | €€

PIRATES ARMS

Ganz in der Nähe des Uhrturms befindet sich dieses sehr beliebte, weil relativ preiswerte, aber gute Restaurant. Nebenan bieten Läden in einer kleinen Passage Souvenirartikel an. *Tgl. | Independence Avenue | Tel. 22 50 01* | €

Kolonialarchitektur in Victoria: das Restaurant „Marie Antoinette"

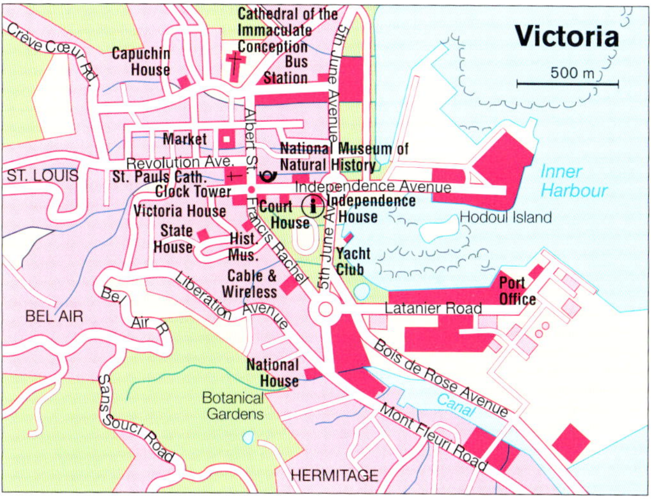

ÜBERNACHTEN

Große Hotels wird man in Victoria vergebens suchen, dafür gibt es hübsche Gästehäuser, nicht selten mit guter einheimischer Küche und Familienanschluss. Große Hotels und Resorts finden Sie unter „North Point/Beau Vallon" und „Mahé-Süden".

HOTEL BEL AIR

In einem alten Kolonialhaus untergebrachtes, einfaches, aber gemütliches Gästehaus mit nur sieben Zimmern. Sehr schöne Aussicht über Victoria. *Bel Air | P. O. Box 116 | Tel. 22 44 16 | Fax 22 49 23 |* €

HOTEL LOUIS XVII

Gemütliches, kleines und familiär geführtes Gästehaus mit nur zehn einfachen Zimmern und herrlichem Blick über Victoria (fragen Sie nach den Bungalows auf dem kleinen Hügel). Das hoteleigene Restaurant gilt als eines der besten auf Mahé. Es gibt einen kleinen Swimmingpool und eine gemütliche Bar. *La Misère Road | Tel. 34 44 11 | Fax 34 44 28 | brymich@seychelles.net |* €

FREIZEIT & SPORT

Die weite, geschwungene Bucht vor Victoria bietet sich vor allem zum Segeln an. Boote können von der *Marine Charter Association* ausgeliehen werden. Es ist auch möglich, Yachten ohne einheimische Besatzung zu chartern.

Den einzigen Golfplatz auf Mahé besitzt der *Reef Golf Club* in Anse aux Pins *(südlich vom Flughafen)*, hier können auch Nichtgäste gegen das obligatorische Green fee spielen. In Mont Fleuri gibt es in der Polytechnischen Hochschule einen Squashcourt; ein weiterer befindet sich am North East Point.

WANDERN AUF MAHÉ ★
Auf Mahé gibt es eine Vielzahl ausgezeichneter Wandermöglichkeiten mit unterschiedlichen Schwierigkeitsgraden. Im Touristenbüro im Independence House erhält man (sofern nicht gerade vergriffen) gegen eine geringe Schutzgebühr eine Reihe von englischsprachigen Wanderführern mit dem Titel *Nature Walks and Trails in Seychelles.*

In diesen Heften sind die vorgeschlagenen und mit Schildern ausgezeichneten Routen nicht nur genau beschrieben, sie enthalten auch Hinweise auf beachtenswerte Pflanzen und Tiere, besonders schöne Aussichtspunkte und bemerkenswerte Gebäude. Dazu geben sie nützliche Tipps, die Sie genau beachten sollten, wenn der Weg – wie in manchen Fällen – an Privatgrundstücken vorbeiführt.

Wo es sinnvoll ist, Verpflegung und Trinkwasser mitzunehmen, wird auch dies in der Broschüre gesagt. Auf ausreichenden Sonnenschutz ist ebenso zu achten wie auf gutes, festes Schuhwerk und auf einen wenigstens notdürftigen Regenschutz. Sie können im Touristenbüro auch nach einem ortskundigen Führer fragen, wenn Sie die schwereren Routen nicht allein unternehmen wollen.

Ein Tipp: Gehen Sie nicht zu schnell, damit Sie die Schönheiten auch etwas abseits der Strecke nicht übersehen – halten Sie sich aber aus Sicherheitsgründen trotzdem an die ausgeschilderte Route. Dass Sie ihren

Eine üppige tropische Vegetation begleitet den Wanderer auf allen Wegen

Picknickabfall wieder mitnehmen, sollte nicht betont werden müssen. Es empfiehlt sich grundsätzlich, an der Hotelrezeption eine Information zu hinterlassen, welche Wanderung man unternimmt.

Die schönsten der neun Wanderwege auf Mahé sind:

Von *Glacis zur Anse Etoile* (Schwierigkeitsgrad leicht, Dauer: etwa 3 Std.; Wanderführer Nr. 2).

Von *Victoria nach Beau Vallon* und zurück (leicht, 1,5 Std.; Wanderführer Nr. 5).

Insider Tipp

Von der *Teefabrik* (Besichtigung mit Besuch der Teestube *tgl. 9 bis 16.30 Uhr*) auf den *Morne Blanc* (mittelschwer, 3–4 Std.; Nr. 6).

Von *Val Riche nach Copolia* (mittelschwer, 2–3 Std.; Nr. 8).

Von der *Anse Royale zur Anse à la Mouche* (leicht, 3–4 Std.; Nr. 9).

AM ABEND

Die Seychellois gehen früh schlafen. Erst mit dem zunehmenden Tourismus entwickelte sich deshalb so etwas wie ein Nachtleben, dem sich jetzt aber auch die einheimische Jugend anschließt. Beliebt sind die Diskotheken *Barrel Disco (Revolution Avenue)*, das ▶▶ *Katiolo* an der Anse Faure und *Pepe* in Beau Vallon *(alle Fr–So ab 22 Uhr geöffnet)*. In den größeren Hotels der Insel gibt es ein mehr oder weniger organisiertes Unterhaltungsprogramm. Auf Mahé gibt es zwei Spielkasinos: in den Hotels *Plantation Club* und im *Berjaya Beau Vallon Bay Beach Resort*.

> BÜCHER & FILME

Ein Paradies für Fotografen und Werbefilmer

> **Seychellen – Das Beste von Michael Friedel** – Der prächtige Bildband des renommierten deutschen Fotografen ist eine fotografische Reise über die Inseln und durch ihre einzigartige Natur. Auch die lebenslustigen Bewohner kommen nicht zu kurz. Kurzum: die allerbeste Vorbereitung für eine Seychellen-Reise – oder um danach zu Hause in Erinnerungen zu schwelgen.

> **Seychellen. Enzyklopädie der Unterwasserwelt** – Schon etwas älter ist dieses Buch von Vincenzo Paolillo, aber es gibt kein besseres Kompendium, das die beeindruckende Welt unter Wasser detaillierter beschreibt.

> **Wildlife of the Seychelles** – Leider ist der Band nicht als deutsche Ausgabe erhältlich, aber mit passablem Schulenglisch findet man sich in diesem Buch von Mike Hill und Dave Currie einigermaßen zurecht. Viele farbenprächtige Bilder von Fauna und Flora.

> **TV/Kino** – Die Seychellen sind immer wieder mal dekorative Kulisse für TV-Schmonzetten á la „Traumschiff" oder „Traumhotel". Und Werbefilmer schwören sowieso auf die malerischen Felsen von La Digue oder die verschwiegenen Buchten von Praslin. Als einziger Kinofilm, der zumindest teilweise auf den Seychellen spielt, bleibt nur der 1977 gedrehte Softerotik-Klassiker „Good-bye Emmanuelle" von François Leterrier erwähnenswert.

AUSKUNFT

Auf Mahé befindet sich das allgemeine Informationsbüro für Touristen:

SEYCHELLES TOURIST OFFICE

Bel Ombre | P.O. Box 1262 | Victoria | Mahé | Tel. 67 13 00 | Fax 62 06 20 und 62 06 40 | www.seychelles.travel

INFOBÜRO IN DER INNENSTADT:

Independence House | Independence Avenue | Tel. 61 08 00 | Fax 61 08 01

INSELN IN DER UMGEBUNG

Sieben Inseln liegen vor der Bucht von Victoria; gemeinsam bilden sie den *Ste-Anne-Meeresnationalpark.* Die Ausweisung als Schutzgebiet war dringend nötig, weil die Verwirbelungen der Schrauben der nach Victoria ein- und auslaufenden Schiffe die einst prächtige Unterwasserwelt leider stark in Mitleidenschaft gezogen haben. Davon kann man sich während einer Fahrt mit dem Glasbodenboot überzeugen.

ANONYME [113 F3]

Im Gegensatz zu den anderen unten aufgeführten Inseln gehört das knapp 10 ha große Privateiland Anonyme nicht mehr zum Ste-Anne-Meeresnationalpark. Es liegt vielmehr unmittelbar vor dem Flughafen an der Ostküste Mahés. Das hört sich schlimmer an als es ist, denn das Verkehrsaufkommen ist hier denkbar gering. Großraumflugzeuge starten und landen höchstens dreimal täglich. So wagte man hier Ende des 20. Jhs. sogar den Bau eines exklusiven Kleinstresorts auf der privaten Mini-Insel. Das *Anonyme Resort* besitzt sechs Luxussuiten und eine Präsidentensuite mit Privatstrand und eigenem Swimmingpool. Das *Anonyme Island Restaurant* steht auch Gästen offen, die nicht im Resort wohnen. Bei der Reservierung, die dringend empfohlen wird, kann man sich auch nach der Fährverbindung erkundigen. Das Restaurant bietet einen Ausblick auf die Nordostküste Mahés, und am Abend erkennt man in der Entfernung die nächtliche Beleuchtung der Hauptstadt *(Tel. 38 01 00 | Fax 38 01 01 | www.anonyme.sc | €€€).* Außerdem verfügt die Insel über einen Tennisplatz. Die Gewässer der Umgebung sind hervorragend zum Schnorcheln geeignet.

CERF ISLAND ★ [113 F2]

Die nur 5 km von Victoria entfernte Insel Cerf lohnt allein schon wegen ihrer herrlichen Strände einen Besuch. Caspar und Caroline, die beiden Riesenschildkröten, halten geduldig still, wenn man sie streicheln möchte. Die 127 ha große Insel, etwa so groß wie die Koralleninseln Bird und Denis, wurde nach dem Schiff „Le Cerf" benannt, das den berühmten *Possession Stone* an Bord hatte.

Die Reiseveranstalter vor Ort bieten Ausflugsprogramme an, die Barbecues am Strand oder ein Essen in einem der beiden Restaurants beinhalten und den Teilnehmern Gelegenheit zum Schnorcheln in den Gewässern des Nationalparks geben. Wenn man nicht an einem organisierten Ausflug teilnimmt, sollte man im *Kapok Tree (Tel. 32 29 59 | €€)* oder im *Restaurant aux Frères de la Côte (Tel. 32 47 49 | €€)* unbedingt vorab einen Tisch reservieren und sich nach den Fähren erkundigen, die die Gäste im Hafen von Mahé abholen.

Übernachten können Sie in der *L'Habitation des Cerfs* [114 A4] an der Nordküste *(12 Zi. | Tel. 323111 | Fax 321308 | habicerf@seychelles.net | €)* oder im exklusiveren, aber auch teureren *Cerf Island Resort* [114 A5] an der Südküste *(Tel. 294500 | Fax 294511 | www.cerf-resort.com | €€–€€€)*.

LONG ISLAND [113 F2]

Hierher „dürfen" Sie nur dann, wenn Sie etwas ausgefressen haben. Auf der Insel befindet sich nämlich das Zentralgefängnis der Seychellen.

MOYENNE ISLAND [113 F2]

Auch Moyenne ist Eigentum eines Privatmannes, in diesem Fall des früheren australischen Zeitungsverlegers Brendan Grimshaw, der die Einnahmen aus dem kleinen und guten Restaurant *Maison Moyenne (Tel. 323244 | €€)* als willkommene Zugabe nimmt. Der Besuch ist zzt. allerdings nur im Rahmen eines Ausflugs mit dem *Creole Travel Service (CTS | Orion Mall Building (3. Stock) | Victoria | Mahé | Tel. 297000)* möglich. Der Besitzer pflegt nicht nur den um einen großen Teil der Insel führenden Wanderweg, sondern auch das gute Dutzend Riesenschildkröten. Im Übrigen sitzt ihm bisweilen der Schalk im Nacken, vor allem dann, wenn die Touristen allzu neugierige Fragen stellen. Auf Moyenne befinden sich übrigens auch zwei Gräber, in denen die sterblichen Überreste von Piraten vermutet werden. Daneben steht eine hübsche, aus Holz erbaute Kapelle.

Wohnen im Nationalpark: Ste Anne Island

ROUND ISLAND [113 F2]

Ihr Entdecker Lazare Picault nannte die nur 200 m im Durchmesser große Insel ihrer Form wegen „runde Insel". Auch sie wird mit dem Glasbodenboot *(Auskunft im Hotel oder bei den Reiseveranstaltern)* angesteuert. Die Insel selbst ist zzt. für Besucher gesperrt, hier entsteht bis ca. 2009 eine kleine, luxuriöse Hotelanlage mit nur zehn Zimmern.

STE ANNE ISLAND [113 F2]

Ste Anne ist mit einer Fläche von 219 ha die Hauptinsel des gleichnamigen Meeresnationalparks. Historisch ist Ste Anne von Interesse, weil sie die erste von Menschen besiedelte Insel des Archipels war. Die Neugier der Biologen weckten allerdings andere Inselbesucher, denn Ste Anne ist ein beliebter Nistplatz von Karettschildkröten. Zwischen 1983 und 2001 war die Insel weitgehend gesperrt, bis dann Ende 2002 ein Fünf-Sterne-Hotel der mauritianischen Beachcomber-Gruppe eröffnet wurde. Das *Sainte Anne Resort and Spa* gehört mit 87 Villen von jeweils 76–305 m^2 umbauter Fläche zu den Spitzenhotels. Einrichtungen wie ein Wellnesszentrum mit Sauna und Massage und zwei Tennisplätze mit Flutlicht gehören in dieser Kategorie zum Standard. Da die Insel in einem Naturschutzgebiet liegt, beschränkt sich das Wassersportangebot selbstverständlich auf die nichtmotorisierten Sportarten, aber auch hier ist die Auswahl üppig *(Tel. 29 20 00 | Fax 29 20 02 | res.sa@bchot.com | www.sainteanne-resort.com | €€€)*. Das Resort besitzt neben einer Bar zwei Restaurants, *Le Mont Fleuri* mit italienischer Küche und *L'Abondance*.

NORTH POINT/ BEAU VALLON

[113 E1–2] Am Ende der Straße, die von Victoria zur nördlichen Inselspitze führt, liegt North Point. Wer die Einsamkeit liebt, ist hier im *Hilton Seychelles Northolme Resort & Spa* gut aufgehoben. Mit tollem Blick aufs Meer liegt es über einer kleinen Bucht am nördlichsten Ende von Mahé *(Glacis | 40 Zi. | Tel. 29 90 00 | Fax 29 90 06 | reservations.seychelles@hilton.com | €€)*.

In Richtung Süden gelangt man nach wenigen Kilometern nach Beau Vallon und damit in das touristisch am besten ausgebaute Gebiet von Mahé mit einer ganzen Reihe formidabler Unterkünfte wie zum Beispiel dem *Coral Strand Hotel* oder dem nicht weit davon entfernten *Le Méridien Fisherman's Cove*, die einen wunderschönen, etwa 1,5 km langen Strand säumen. Auch für die Unterhaltung der Gäste fühlen sich die Hotels verantwortlich. Sie organisieren deshalb Abende mit Folklore- und Musikdarbietungen, bisweilen in Verbindung mit einem kreolischen Barbecue. Fehlanzeige allerdings, was Diskotheken, Kinos und Nightclubs angeht.

Es lohnt sich, von hier aus noch weiterzufahren, denn bald darauf passiert man die Stelle, an welcher der legendäre Pirat La Buse vor seiner Hinrichtung im Jahre 1730 einen riesigen Schatz versteckt haben soll, nach dem heute noch gesucht wird. Das Betreten der Grabungsstelle ist offiziell verboten. Wenn Sie jedoch in einer Entfernung von etwa 50 m am Meer entlanggehen, können Sie ein kompliziertes System von Kanälen und Gräben entdecken. Man vermutet nämlich, dass La Buse seinen Schatz so versteckt hat, dass er nur bei einem gewissen Wasserstand je wieder gefunden werden könnte. Insider Tip

ESSEN & TRINKEN

THE BOATHOUSE ▸▸ [113 E2] Insider Tip

Unkompliziert und weltoffen geht es hier zu, als einziges Gericht steht das kreolische Büfett auf der (nicht vorhandenen) Speisekarte. Es beginnt nach Sonnenuntergang und dauert so lange, bis alle Töpfe leer gegessen sind – das ist meist erst gegen Mitternacht. *Mo geschl. | Beau Vallon | Tel. 24 76 98 | www.boathouse.sc | €€*

LA PERLE NOIRE [113 E2]
Manchmal übertrifft sich der Koch selbst, ein anderes Mal kommt aus der Küche „bloß" kreolische Durchschnittskost. Das hängt vermutlich von der Tagesform des Küchenpersonals ab. *Tgl., nur abends* | *Beau Vallon* | *Tel. 62 02 20* | €€–€€€

LA SCALA ★ [113 E2]
Eines der besten Restaurants auf Mahé in grandioser Lage auf einem Felsen am südwestlichen Ende der Beau Vallon Bay. Teuer, aber auch gut! *So geschl.* | *Bel Ombre* | *Tel. 24 75 35* | *www.lascala.sc* | €€€

ÜBERNACHTEN

BEAU VALLON BUNGALOWS [113 E2]
Die kleine, überschaubare Anlage hat nur zwölf – hübsche – Zimmer. Bekannt für seine vorzüglichen kreolischen Gerichte ist das dazugehörende Restaurant. Der Besitzer organisiert auch Ausfahrten zum Hochseefischen und zur Insel Silhouette. *Beau Vallon* | *Tel. 24 73 82* | *Fax 24 79 55* | *www.beauvallonbungalows.com* | €

BERJAYA BEAU VALLON BAY BEACH RESORT & CASINO [113 E2]
Eine anspruchsvolle Anlage, in der das Preis-Leistungs-Verhältnis stimmt. Feiner Strand und Wassersportmöglichkeiten werden geboten. Kreolische und internationale Küche gibt es in den Restaurants. Spielkasino. *232 Zi.* | *Beau Vallon* | *Tel. 28 72 87* | *Fax 24 79 43* | *www.berjayahotels-resorts.com/beauvallon.htm* | €€–€€€

Unterkunft mit Privatbucht: Le Northolme Hotel in North Point

NORTH POINT/BEAU VALLON

COCO D'OR [113 E2]
Inmitten einer von hohen Palmen bestimmten Landschaft und fast direkt am Meer liegen die 27 klimatisierten Zimmer dieses Gästehauses. *Beau Vallon | Tel. 24 73 31 | Fax 24 74 54 | www.cocodor.sc* | €€

CORAL STRAND [113 E2]
Mittelklassehotel am Strand, Zimmer in ruhiger Lage, nette Pianobar. Auf dem Dach des Hauses steht die einzige öffentliche Sternwarte auf den Seychellen, die in Zusammenarbeit mit der Volkssternwarte Laupheim betrieben wird *(Auskunft an der Hotelrezeption). 130 Zi. | Beau Vallon | Tel. 62 10 00 | Fax 24 75 17 | www.coralstrand.com* | €–€€

Insider Tipp
LE MÉRIDIEN FISHERMAN'S COVE [113 E2]
Mit viel Holz erbautes Hotel mit allem Komfort; die 70 Zimmer (alle mit Meerblick) befinden sich entweder im zweistöckigen Hauptgebäude oder sind als Chalets gestaltet. *Bel Ombre | Tel. 67 70 00 | Fax 62 09 01 | www.lemeridien.com/fishcove* | €€€

LE PETIT VILLAGE [113 D2]
Selbstversorgeranlage in Holzbauweise, stilvoll eingerichtet. Bietet auch Familiensuiten mit zwei Schlafzimmern. Der Strand liegt direkt am Haus, ist jedoch klein und wird bei Flut überschwemmt. Dafür sind die Strände an der Beau Vallon Bay von hier aus gut zu erreichen. *Bel Ombre | Tel. 28 49 69 | Fax 24 77 71 | www.lepetitvillage.com* | €€

PTI PAYOT [113 E2]
Die drei Selbstversorgerchalets mit Veranda liegen im Hang. Das Höchstgelegene bietet eine ✱ einzigartige Aussicht auf die Bucht von Beau Vallon. Die Zimmer (mit je 2 Betten und 2 Feldbetten) sind sehr großzügig gebaut und umfangreich ausgestattet. Die Schlafzimmer besitzen Ventilator und Klimaanlage. Am

Insid Tip

> BITTE LÄCHELN!

Ein paar Tipps für Hobbyfotografen

Die Bewohner der Seychellen sind sehr aufgeschlossen gegenüber Besuchern und lassen sich im Allgemeinen auch gern fotografieren. Trotzdem sollten Sie vorher um Erlaubnis fragen. Natürlich gelten für militärische Anlagen die weltweit üblichen Fotografierverbote. Bringen Sie Filme in ausreichender Zahl von zu Hause mit, und lagern Sie sie während des Seychellen-Aufenthalts im Kühlschrank. Profis fotografieren übrigens fast nur in den Vormittagsstunden und am späteren Nachmittag. Sonne, feiner Korallensand und Meerwasser sind die größten Feinde einer wertvollen Kameraausrüstung. Sie sollten deshalb Objektive unmittelbar nach dem Fotografieren wieder abdecken und die Kamera in einer verschlossenen Fototasche verwahren. Mit 100-ASA-Filmen sind Sie für die Seychellen gut gerüstet. Sicherheitshalber sollten Sie aber ein paar 200-er und 400-er Filme mitnehmen, vor allem für Abendstimmungen oder Fotos im dunklen Vallée de Mai auf Praslin.

Fuß des Hangs liegt ein kleiner Strand, und Beau Vallon ist in 5 Minuten zu Fuß zu erreichen. Keine Kreditkarten! *Mare Anglaise | Tel. 26 14 47 | Fax 26 10 94 | www.home.hccnet.nl/g.jacobs* | €

FREIZEIT & SPORT

An der ▶▶ *Beau Vallon Bay* findet man auch das reichhaltigste Sportangebot der Seychellen: Wasserski, Windsurfen, Parasailing, Angel- und Tauchausfahrten sowie Segelbootverleih werden von zahlreichen privaten Anbietern wie auch von den großen Hotels offeriert.

MAHÉ-SÜDEN

Was die Wirtschaft und den Tourismus angeht, ist Mahé extrem „kopflastig" – der Süden der Insel ist im Vergleich zum Norden eine wahre Oase der Ruhe. Wer es nicht schafft, eine andere Insel zu besuchen, sollte wenigstens einmal den Süden Mahés erkunden.

ANSE INTENDANCE ★ [113 F5]

Ganz unten im Süden von Mahé liegt die Anse Intendance, eine der spektakulärsten Buchten der Seychellen. Besonders in den Tagen vor Vollmond rollen die Wellen meterhoch über den feinsandigen Strand. Baden ist hier unter Umständen lebensgefährlich; doch gibt es immer wieder Wagemutige, die sich wenig um die Warnschilder scheren.

Insider Tipp JARDIN DU ROI [113 F4]

Auf den an Attraktionen ohnehin nicht armen Seychellen stellt der Jardin du Roi eine kleine Besonderheit dar. Vier sehr gut ausgeschilderte Trails führen durch die von privater Hand angelegte Gewürzplantage. Eine Wanderung vermittelt hautnahe Eindrücke vom Gewürzanbau des Archipels. Jeden Freitag gibt es ab 19.30 Uhr ein kreolisches Büfett *(SR 80 | Reservierung unter Tel. 37 13 13 nötig). Nahe der Anse Royale | tgl. 10–17 Uhr | Eintritt SR 25*

Exotische Blütenpracht im Jardin du Roi

LA MARINE [113 F4]

Bis auf das kleinste Detail originalgetreu nachgebaute Fregatten, Dreimaster und Kriegsschiffe aus vergangenen Zeiten werden hier gebaut und finden ihre Liebhaber vor allem unter

Modellbaubegeisterten. Gewiss gibt es preisgünstigere Reiseandenken an die Seychellen, ganz bestimmt aber keine, die so liebevoll gefertigt sind. Für eine Dreimastbark aus dem 18. Jh. sollten Sie mit einer Ausgabe von ca. 1000 Euro rechnen. *La Plaine St. André | Tel./Fax 375152 | Mo–Fr 7.30–17, Sa 8–17, So 9–17 Uhr*

POLICE BAY [113 F5]

Von der Anse Intendance, an der zzt. gleich drei neue Hotels gebaut werden, sind es nur wenige Kilometer bis zur Police Bay, einer weiteren spektakulären Bucht, die teilweise als militärisches Sperrgebiet gilt und deshalb nur eingeschränkt besucht werden darf. Auch hier brechen sich mächtige Wellen, und salzhaltige Gischt macht die Luft schwer. Die Warnschilder sollten Sie unbedingt ernst nehmen, denn einige Schwimmer haben ihren Wagemut bereits mit dem Leben bezahlt. *An der südlichen Inselspitze von Mahé*

VILAZ ARTIZANAL [113 F4] Insider Tipp

Das Kunsthandwerkerdorf Vilaz Artizanal entstand aus einer Initiative einiger seychellischer Künstler, die ihre Produkte gemeinsam vermarkten wollten. Ein dafür geeignetes Grundstück fanden sie an der Anse aux Pins; und vor der malerischen Kulisse eines restaurierten Kolonialhauses sowie in unmittelbarer Nachbarschaft zum Restaurant *Vye Marmit* wurden kleine Holzhäuschen zum Verkauf gebaut. Außer kunstgewerblichen Artikeln gibt es auch „ge-

> BLOGS & PODCASTS

Gute Foren und Tagebücher im Internet

- > *www.khp-yachtcharter.de/forum* – Mit einer Yacht durch die Inselgruppe der Seychellen zu fahren ist eine andere Möglichkeit, die Region zu entdecken. Segler treffen sich im Forum auf dieser Seite zum Erlebnisaustausch oder auf der Suche nach Mitseglern.
- > *www.topblogs.de/category/reisen/* – Hin und wieder gibt es hier auch interessante Blogs von Seychellen-Reisenden. Öfter mal reinschauen ...
- > *www.luxusblogger.de* – Wohl dem, der es sich leisten kann, 1000 Euro und mehr pro Nacht auszugeben. Wer dann noch die Qual der Wahl hat, liest oder beteiligt sich am Forum.
- > *www.blog.de* – Unter dem Stichwort „Seychellen" findet man hier etliche Blogs – ausführliche Reiseberichte sind jedoch selten.
- > *www.seychelles-travel.de* – Zwei Webcams des Seychelles Tourist Office – eine an der Beau Vallon Beach, die andere am Victoria Market – liefern Ihnen Livebilder auf den PC.
- > *www.ardmediathek.de/ard/servlet/content/303328* – Als Podcast können Sie hier Michael Krügers amüsante *Kurze Beschreibung einer Reise zu den Seychellen* downloaden.

Für den Inhalt der Blogs & Podcasts übernimmt die MARCO POLO Redaktion keine Verantwortung.

Im Vilaz Artizanal haben Kunstliebhaber reiche Auswahl

wöhnliche" Souvenirs zu kaufen. *Domaine de Val des Prés | Au Cap | Tel. 37 61 00 | Mo–Sa 9.30–17 Uhr*

ESSEN & TRINKEN ÜBERNACHTEN

BANYAN TREE RESORT [113 F5]

Diese 2001 eröffnete Luxusanlage war der erste Schritt in einem von der Regierung forcierten, groß angelegten „Nachrüstungsprogramm" der Insel Mahé, deren Hotelstandard im Vergleich zu den übrigen Inseln des Archipels im Lauf der Jahre immer weiter zurückgefallen war. Das *Banyan Tree Seychelles*, erbaut von einer südostasiatischen Hotelgruppe, braucht sich mit seinen 60 Villen, von denen jede einzelne u.a. über einen privaten Swimmingpool verfügt, wahrlich nicht zu verstecken. Aus Gründen des Landschaftsschutzes wurden die ursprünglich wesentlich umfangreicheren Pläne des Bauherrn zwar zurechtgestutzt, aber die zuvor unbebaute Anse Intendance, eine der schönsten Strandbuchten von Mahé, hat durch das Hotel sozusagen ihre Unschuld verloren. Das Hotel selbst lässt – für denjenigen, der es sich leisten kann – keine Wünsche offen. So können die Gäste auch verschmerzen, dass sie bis nach Victoria etwa eine Stunde lang mit dem Auto oder mit dem Taxi unterwegs sind. *Anse Intendance | Direktbuchung aus Deutschland: Tel. 030/84710812 | Fax 84710820 | www.banyantree.com* | €€€

CASUARINA BEACH HOTEL [113 F3]

Direkt am Strand der schönen, weit geschwungenen Anse aux Pins liegt dieses kleine Hotel mit seinen nur 20 Zimmern. Sehr gutes Preis-Leistungs-Verhältnis. *Anse aux Pins | Tel. 37 62 11 | Fax 37 60 16 | casuarina@seychelles.net* | €–€€

MAIA LUXURY RESORT & SPA [113 F4]

Wer Wert auf 250 m² Wohnfläche legt, rund um die Uhr einen eigenen

Butler beschäftigen will und dafür das notwendige Kleingeld mitbringt, ist in diesem Luxushotel der absoluten Spitzenklasse bestens aufgehoben. 30 private Villen, jede mit eigenem Pool und mit Blick aufs Meer, in einer einzigartigen Landschaft gelegen und von dem US-Architekten Bill Bensley entworfen, bieten jeglichen Komfort. Bekocht werden die Gäste von einem Sternekoch aus Taiwan; der Nachwuchs tobt entweder im Blubberbad oder lässt sich mit einer Schokomassage verwöhnen. Fast schon selbstverständlich sind der große Privatstrand und das umfangreiche sportliche Angebot vor und auf dem Wasser. *Anse Louis | Tel. 390000 | Fax 355476 | www.maja.com.sc* | €€€

LE MÉRIDIEN BARBARONS **[113 E3]**
Relativ teures, aber in herrlicher Umgebung gelegenes Hotel mit 124 Zimmern, die fast alle Blick aufs Meer bieten. Zwei Restaurants servieren gute internationale und kreolische Küche. *Barbarons | Tel. 673000 | Fax 673380 | www.lemeridien-barbarons.com* | €€

THE PLANTATION RESORT & CASINO **[113 E4]**
Gemessen an der Zimmerzahl das zweitgrößte Hotel der Seychellen. Schön die Lage in einer abgeschiedenen Bucht; drei Restaurants, vier Bar-Lounges. *200 Zi. | Baie Lazare | Tel. 386868 | Fax 386883 | www.plantationclub.sc* | €€

LE RELAX HOTEL & RESTAURANT **[113 F4]**
Kleines Hotel in Hanglage mit 6 üppig ausgestatteten Zimmern (Klimaanlage, TV, Safe, Minibar, Roomservice). Hervorragende Aussicht über die Bucht, empfehlenswertes Restaurant, Swimmingpool. Der ca. 100 m entfernte Strand am Fuß des Hangs bietet ausgezeichnete Schnorchelmöglichkeiten. *Anse Royale | Tel. 382900 | Fax 37 19 00 | www.lerelaxhotel.com* | €

VALMER RESORT **[113 E4]**
Selbstversorgeranlage mit 14 Wohneinheiten gegenüber der Einfahrt zum Plantation Club. Kitchenette, Klimaanlage, Waschmaschine vorhanden. Die Räume und das Bad sind

> GAUGUIN DER SEYCHELLEN

Zu Besuch bei Michael Adams

Auch wenn Sie sich ein Originalbild vielleicht nicht leisten können – oder wollen: Ein Besuch bei Michael Adams, dem „Gauguin der Seychellen", ist fast eine Pflichtübung. Wenn der gebürtige Engländer nicht gerade irgendwo in der Welt unterwegs ist, um eine seiner zahlreichen Ausstellungen zu eröffnen, treffen Sie den unkomplizierten Meister selbst an. Sein Haus mit einem kleinen Ausstellungsraum – in dem es preiswerte Drucke zu kaufen gibt – findet man auf Mahé kurz vor der Anse à la Mouche an der Anse aux Poules Bleues *(Mo–Fr 10–16 Uhr | Tel. 361006)*. Werke von Michael Adams hängen mittlerweile in allen namhaften Galerien dieser Erde.

großzügig gestaltet und sehr gepflegt. Von der Veranda bzw. dem Balkon blickt man auf den ca. 30 m breiten Garten, der an der Hauptstraße liegt. Es gibt keinen direkten

Abgeschiedene, selten übervölkerte Bucht im Süden – die Baie Lazare

Strandzugang, ein Mietwagen ist daher empfehlenswert. *Baie Lazare | Tel. 381555 | Fax 361159 | valmer@seychelles.net* | €–€€

VILLAS CHEZ BATISTA **[113 F5]**

Kleines, familiär geführtes Hotel mit neun geschmackvoll eingerichteten Zimmern in vier Gebäuden. Die Lage über der Anse Takamaka ist bestechend, das im rustikalen Stil errichtete Restaurant bietet kreolische Küche, vor allem frisches Seafood. *Anse Takamaka | Tel. 366300 | Fax 366509 | www.chez-batista.com* | €

FREIZEIT & SPORT

Das Sportangebot im südlichen Teil von Mahé beschränkt sich im wesentlichen auf jenes der Hotels – private Anbieter gibt es im Gegensatz zu Beau Vallon Beach nur sehr wenige. Dennoch sind die meisten Wassersportarten möglich. Einige Hotelbesitzer organisieren auch Angelfahrten; der Fang landet dann abends – wohlschmeckend zubereitet – auf den Tellern der Gäste.

AM ABEND

Am Abend besteht das Unterhaltungsprogramm meist aus den Angeboten der großen Hotels: Folklore-Vorführungen, Sega-Musik und ab und zu ein Barbecue unter tropischem Sternenhimmel.

> MILLIONEN VÖGEL KÖNNEN NICHT IRREN

Außerhalb von Mahé entdecken Sie erst die ursprünglichen Seychellen

> Die wahren Seychellen, so meinen Landeskenner, findet man erst außerhalb von Victoria und der Hauptinsel Mahé – z. B. auf den Inseln der Inneren Seychellen. Das stimmt und stimmt nicht. Denn auf dem touristisch gut ausgebauten Mahé gibt es zumindest etwas von all dem, was es auf den anderen Inseln – dort allerdings purer – gibt. Wer Mahé als Urlaubsort wählt, sollte von dort aus auf zumindest Insider Tipp Tagesausflüge zu den Nachbarinseln unternehmen.

Bild: Anse La Source à Jean, La Digue

ARIDE

[O] **Was man mit Geld alles kaufen kann: 1973 erwarb der englische Schokoladenfabrikant Christopher Cadbury die nur 68 ha große Granitinsel Aride, auf der eine Million Seevögel heimisch sind.** Diese Insel unterstellte er dann der *Royal Society for the Promotion of Nature Conservation,* als deren Präsident er fungiert. 2004 übernahm die *Island Conservation Society (Tel. 321600 |*

PRASLIN UND DIE NACHBARINSELN

Fax 324807) die Verwaltung und eröffnete auf Aride ein Naturschutzzentrum, in dem vor allem Ornithologen die Vogelwelt erforschen. Seit der Mensch für ideale (Brut-)Bedingungen sorgt, sind fünf Vogelarten zurückgekehrt, die als ausgestorben galten *(weitere Infos: www.arideisland.net)*. Jetzt können die Vögel ungestört Eier legen, brüten und ihre Jungen aufziehen. Nicht weniger als eine Million Seevögel (darunter die seltenen Noddy- und Rosenseeschwalben, der Bindenfregattvogel und der Weißschwanztropikvogel) kommen alljährlich hierher zurück. Zehn verschiedene Vogelarten hat ein von der Regierung der Seychellen beauftragter Ornithologe gezählt. In der Zeit von Oktober bis April ist er der Einzige, der das Schutzgebiet betreten darf. In den anderen Monaten ist der Besuch auch für Touristen erlaubt. Zur Anfahrt mit dem Boot benötigt man von Mahé (50 km) etwa zwei Stunden, von Praslin (10 km) etwa 40 Minuten. Es gibt keinen regelmäßigen Bootsverkehr, Reiseveranstalter auf Mahé und Praslin organisieren jedoch auf Anfrage Tagesausflüge.

Von Menschen unbewohnt: Vogelschutzgebiet Cousin Island

Aride ist die nördlichste Granitinsel auf dem Seychellen-Plateau und wurde von Kapitän Nicolas Morphey im Jahre 1756 entdeckt. Der Name, den sie heute trägt, spielt auf ihr Klima an: heiß und trocken. In einer kleinen Siedlung leben etwa ein Dutzend Bewohner, die sich vom Guano-(Vogeldung-) Verkauf ernähren.

Aride besitzt eine üppig blühende tropische Landschaft mit einer großen Pflanzenvielfalt. Dass die Insel sehr fruchtbar ist, beweist die Tatsache, dass hier Früchte wie Zitronen, Orangen, Bananen und Gewürzpflanzen wie Zimt, Ingwer und Vanille gedeihen. Für die Besucher wurde ein Pfad angelegt, der nicht verlassen werden darf. Er wurde so gestaltet, dass man an den interessanten Stellen in guter Sichtweite vorbeikommt. Gebiete, die Sie nicht betreten dürfen (z. B. der Eiablageplatz der Meeresschildkröten am Strand) sind gekennzeichnet. Ein schöner Spaziergang führt auch zum ☼ Gipfel des 135 m hohen Hügels. Von oben bietet sich ein überaus prächtiger Rundblick.

Eine weitere Attraktion ist trotz der Korallenbleiche von 1998 immer noch die ★ *Unterwasserwelt vor Aride*. Vor einger Zeit zählten Taucher während eines 90-minütigen

Tauchgangs nicht weniger als 88 verschiedene Fischarten. Aber auch schon beim Schnorcheln gewinnen Sie einen hervorragenden Eindruck von der phantastischen, farbenprächtigen Landschaft unter Wasser.

Auf Aride gibt es kein Hotel und kein Restaurant. Die Besucher bringen ein Lunchpaket mit und verzehren es in einer Picknickhütte. Außer an dieser Stelle darf auch nirgendwo sonst geraucht werden! Besuchen können Sie Aride nur im Rahmen von organisierten Ausflügen *(So, Mo, Mi | Buchung über Hotels oder Reiseveranstalter in Victoria)*. Die Anlandungsgebühr beträgt pro Person 30 Euro. In diesem Preis ist ein geführter Rundgang enthalten.

COUSIN ISLAND

[O] Die nur 29 ha große Granitinsel Cousin (nicht zu verwechseln mit der Insel Cousine, siehe unten) bietet einen der letzten Rückzugsorte für vom Aussterben bedrohte Vogelarten. 1968 kaufte der Internationale Rat für Vogelschutz (IRV) die Insel und machte aus ihr mit finanzieller und ideeller Hilfe des World Wild Life Fund for Nature (WWF) ein Naturreservat, das selbst für die Seychellen einzigartig ist. Dabei war das erste Ziel schnell erreicht: Es galt, den bis auf wenige Exemplare dezimierten Seychellenrohrsänger und den Seychellenweber vor dem Aussterben zu bewahren. Das gelang, und beide Arten sind nun auch auf einigen Inseln der Umgebung zu finden.

Unter der Anleitung des vom IRV eingesetzten Verwalters bemüht man sich heute darum, die einst von dichtem Laubwald bestandene, fast kreisrunde Insel wieder in ihren Urzustand zurückzuversetzen. Dass der Mensch dabei nur als behutsam vorgehender Helfer eingreift, dankt die Natur auf ihre Weise: Heute brüten hier etliche Dutzend Land- und Seevogelarten. Außerdem gibt es noch ein paar Riesenschildkröten. Cousin Island ist eine der am besten geschützten Brutstätten für Echte Karettschildkröten (engl. *hawksbill turtel*) auf der Welt und besitzt außerdem die höchste Dichte an Echsen

MARCO POLO HIGHLIGHTS

★ **Unterwasserwelt vor Aride**
Rekordverdächtig: 88 Fischarten in anderthalb Stunden (Seite 52)

★ **Anse Victorin**
Frégate: Urlaubspanorama wie aus einem Prospekt für Traumreisen (Seite 55)

★ **Inselrundfahrt**
Mit dem Fahrrad zu den schönsten Stellen der Insel La Digue (Seite 57)

★ **Granitfelsen**
Traummotiv: die Felsen der Pointe Source d'Argent auf La Digue (Seite 57)

★ **Vallée-de-Mai-Nationalpark**
Dichter, ursprünglicher Urwald (Seite 62)

★ **Anse Lazio**
Einer der schönsten Strände, nicht nur von Praslin (Seite 61)

pro Hektar. Die beste Zeit für einen Abstecher nach Cousin sind die Monate April und Mai, wenn Hunderttausende von Seevögeln zum Brüten hierher kommen.

Bei einem Besuch von Cousin Island beachte man unbedingt die Anweisungen des Führers. Die Wege dürfen auf keinen Fall verlassen werden, es darf nichts mitgenommen und auch nicht geraucht werden. Dass Sie die Vögel in keiner Weise stören und Ihre Abfälle wieder mitnehmen, sollte selbstverständlich sein. Auf der Insel zu übernachten ist verboten!

Die Entfernung von Mahé beträgt 44 km. Besuche von Cousin Island bieten sich deshalb eher von Praslin oder La Digue an, dortige Reisebüros und Hotels organisieren Touren. Besucher dürfen nur Mo–Fr 9.30–12 Uhr auf die Insel, die Boote können nur bis auf 200 m an die Insel heranfahren, dann wird in ein inseleigenes Boot umgestiegen. Die Anlandungsgebühr beträgt 25 Euro/Person.

COUSINE

[0] **Großen Wert legt man auch hier auf den Naturschutz. Auf der 26 ha großen, tropfenförmigen Privatinsel, die zu den kleinsten unter den Granitinseln zählt, leben ein Dutzend Exemplare der Seychellenschamadrossel und weitere sehr seltene endemische Vogelarten.** Auch die Karettschildkröten suchen Cousine gerne zur Eiablage auf. An der Ostküste besitzt die Insel einen 1 km langen Sandstrand. Zwischen September und Januar sind die Gewässer hier sehr gute Schnorchelreviere.

Wohnen können Sie im *Cousine Island Resort*. Diese Anlage besteht aus nur vier Villen im französischen Kolonialstil, die insgesamt maximal zehn Gäste beherbergen können. Der Mindestaufenthalt beträgt drei Nächte, ab einer Woche ist der Hubschraubertransfer von Mahé aus kostenlos (Flugzeit ca. 15 Min.). Kinder unter 15 Jahren sind hier allerdings nicht erwünscht. Der Naturschutzbeamte führt die Gäste auf Wunsch über die Insel und erläutert die Naturschutzbemühungen. Das Resort bietet zwar einen Swimmingpool und eine Bibliothek – wer aber etwas anderes sucht als absolute Ruhe und die reine Entspannung, der ist hier fehl am Platz. *Tel. 32 11 07 | Fax 32 38 05 | www.cousineisland.com* | €€€

FRÉGATE

[116 A–C4–6] **Einst bevorzugten Piraten die charmante kleine Granitinsel als Unterschlupf. Heute gilt das 1998 eröffnete, exklusive Hotel Frégate Island Private mit nur 16 Villen als eines der teuersten Hotels der Seychellen.** Die Insel gehört einem deutschen Industriellen, der nicht nur auf Exklusivität höchsten Wert legt, sondern sich auch um den letzten Bestand der Seychellenschamadrossel kümmert. Vor allem Naturfreunde und Vogelliebhaber kommen hierher.

Die Insel wurde nach den mächtigen Bindenfregattvögeln, die eine Flügelspannweite von bis zu 2 m erreichen, durch Lazare Picault benannt, der sie bei seiner zweiten Expedition im Jahre 1744 erforschte. Touristische Sehenswürdigkeiten sucht man auf Frégate vergeblich – eine Attraktion für sich ist jedoch die intakte Natur. Im dichten Innern der

Wer Sonne und Meer ungestört genießen möchte, ist auf Frégate richtig

Insider Tipp Insel mit einer außerordentlich vielfältigen Pflanzenwelt lebt eine große Zahl seltener Landvögel, weshalb Frégate auch zu einem Ziel von Ornithologen aus aller Welt geworden ist.

Auf Frégate gibt es ein weitgehend naturbelassenes Netz von Spazier- und Wanderwegen. Nach einem halbstündigen Marsch erreicht man den *Mont Signale*, den höchsten Punkt der Insel, mit einer herrlichen Aussicht. Angeboten werden auch vogelkundliche Wanderungen in Begleitung eines Führers.

Wer *Strände* sucht, die aus einem Prospekt für Traumreisen stammen könnten, wird auf Frégate fündig. Südlich des *Plantation House* liegen die *Anse Parc* [116 C5–6], bei Flut ein hervorragendes Schnorchelrevier, und in entgegengesetzter Richtung die ★ *Anse Victorin* [116 A4], wohl der schönste Strand auf Frégate. Am nördlichen Ende der Flugpiste liegt die *Anse Bambou* [116 B4], eine kleine, hübsche Bucht mit weißem Korallensand (Vorsicht: zeitweise gefährliche Strömungen!). Ein schöner Spaziergang führt zum gegenüberliegenden Inselrand und zur *Grand Anse* [116 A–B5], bei Flut auch ein tolles Schnorchelrevier. Die Wahrscheinlichkeit, auf dem Weg dorthin einige der etwa 100 frei lebenden Riesenschildkröten zu treffen, ist groß.

ESSEN & TRINKEN ÜBERNACHTEN

FRÉGATE ISLAND PRIVATE [116 B4]

Mit nur 16 Poolvillen, in denen nicht mehr als 40 Gäste Platz finden, zählt dieses 1998 eröffnete Hotel zu den exklusivsten Anlagen der Seychellen. Jedes Domizil verfügt über eine Fläche von über 200 m^2, und einen Privatpool, außerdem gibt es zwei gute Restaurants (€€€). *Frégate Island Private | Starkenburgring 12 | 63069 Offenbach | Tel. 069/860042980 | unique.experiences@debitel.net | www.fregate.com* | €€€

SPORT & FREIZEIT

Zum Schnorcheln wandert man entweder zur *Grand Anse* oder zur *Anse Parc*, wo es noch intakte Korallen- Insider Tipp riffe zu entdecken gibt. Darüber hinaus gibt es kein Sportangebot.

LA DIGUE

[117 D-F1-4] Wenn man den kleinen Hafen von Praslin verlässt, tuckert zunächst der kräftige Schiffsdiesel monoton vor sich hin – dann aber bläht der Wind die strahlend weißen Segel. Die Überfahrt ist ein kleiner Vorgeschmack auf das, was den Besucher auf La Digue erwartet, und das ist vor allem Ruhe. Die Insel La Digue wird gern als die schönste Insel der Seychellen bezeichnet, auf jeden Fall sind ihre vielen kleinen, versteckten Buchten und feinsandigen Strände durch Werbespots (z.B. für karibischen Rum) in aller Welt bekannt geworden. Traumhafte Strände vor einer gigantischen Granitfelsen-Kulisse und reicher tropischer Pflanzenbewuchs im Inselinnern schlagen die Besucher in ihren Bann. Auf La Digue sind Unrast und Hektik nicht erfunden worden – alles geht seinen gemächlichen Gang. Hier gibt es weniger als eine Handvoll Kraftfahrzeuge; für den Transport stehen Ochsenkarren bereit. Oder man nimmt das Fahrrad, um die natürlichen Schönheiten der Insel zu erkunden. Allerdings sind einige Wege überwuchert und nur schwer passierbar.

Lazare Picault entdeckte La Digue 1744. Er gab ihr wegen der rötlichen Granitfelsen den Namen Île Rouge, „rote Insel". 1768 gab der französische Kapitän und Forscher Marion Dufresene der viertgrößten Insel der Seychellen den Namen des Führungsschiffs seiner Expeditionsreise durch den östlichen Indischen Ozean.

Auf La Digue leben etwa 2000 Menschen – und das nicht nur vom Tourismus. Die Insel besitzt einen

Mächtig und bizarr: Granitfelsen an der Pointe Source d'Argent

sehr fruchtbaren Boden, auf dem neben Kokospalmen auch vielerlei Gewürzpflanzen (z.B. Vanille) gedeihen. Zwischen Mahé und La Digue besteht keine Flugverbindung, der nächste Flughafen befindet sich auf Praslin. Von dort verkehren täglich mehrfach Fähren, die für die kurze Distanz etwa 30 Minuten benötigen.

SEHENSWERTES

INSELRUNDFAHRT ★

La Digue ist nur etwas mehr als 10 km² groß; es bietet sich deshalb an, die Insel mit dem Fahrrad zu erkunden. Eine komplette Inselumrundung ist allerdings nicht möglich, da es stellenweise dichte Vegetation und steile Klippen, aber keinen befahrbaren Weg gibt. An einigen Stellen lohnt es abzusteigen und das Fahrrad ein Stück zu schieben. Wenn es gar nicht mehr weiter geht, kehrt man einfach um. Wo sich die Vegetation zum Meer hin öffnet, entschädigt der Blick über eine grandiose Landschaft mit glatt geschliffenen Granitfelsen für alle Mühen. Die Felsen türmen sich bis zu einer Höhe von über 330 m über dem Meer *(Zugang über die Kokosnussfarm L'Union Estate)*. Kleine, zauberhafte Buchten mit weißem Korallensand finden Sie auch, wenn Sie die vom Dorf La Passe nach Südosten führende Straße nehmen. An ihrem Ende liegen die Strände *Grand Anse*, *Petite Anse*, *Anse Songe* und *Grand l'Anse*.

Insider Tipp

LA DIGUE VEV RÉSERVE [117 D2]

Am westlichen Inselrand wurde vor einigen Jahren ein Vogelschutzgebiet eingerichtet, in dem der selten gewordene Paradiesschnäpper sein Refugium hat. Inzwischen sind hier auch andere Vögel sesshaft geworden oder kehren immer wieder zum Brüten hierher zurück.

POINTE SOURCE D'ARGENT/ ANSE LA SOURCE À JEAN [117 D3–4]

Die mächtigen ★ *Granitfelsen* an der Pointe Source d'Argent dürften mit ziemlicher Sicherheit die meistfotografierten Felsen der Erde sein. Es gibt keinen Werbeprospekt für die Seychellen, auf dem sie nicht zu sehen sind. Gleich dahinter liegt der Strand *La Source à Jean* mit sauberem Sand und kristallklarem Wasser. *Tgl. 7–17 Uhr | Eintritt ca. 4 Euro*

L'UNION ESTATE [117 D3]

Vom Fährpier aus sind es nur ein paar Meter in südlicher Richtung bis zu einer Farm, die der Deutsche Herbert Mittermayer in den 1970er-Jahren kaufte und in der er zeitweise bis zu 350 Arbeiter beschäftigte. Viele Jahre galt er als Wohltäter für die Ladigois, die Bewohner von La Digue. Er baute u.a. eine Hafenmole sowie ein Inselhospital und ließ ein Bewässerungssystem anlegen. Ohne Vorwarnung wurde er 1980 durch Präsident Albert René enteignet. Heute wird auf der Farm an Werktagen *(9 bis 16 Uhr)* gegen ein geringes Eintrittsgeld die wirtschaftliche Nutzung der Kokosnuss dargestellt. Kokosnüsse – oder vielmehr die aus ihrem Fruchtfleisch gewonnene Kopra – waren über Jahrzehnte hinweg das wichtigste Exportgut der Seychellen.

Auf dem Gelände steht auch das erst vor wenigen Jahren renovierte *Plantation House*, das ein schönes Beispiel für die französische Kolonialarchitektur darstellt. Es wurde von einer Familie Hossen errichtet, die von Mauritius auf die Seychellen kam und dort durch die wirtschaftliche Verwertung von Kokosnüssen und den Anbau von Gewürzen reich wurde. Das Gebäude ist aus Edelhölzern errichtet und hat ein mit Palmblättern gedecktes Dach. In den

LA DIGUE ISLAND LODGE [117 D2]

Das zum gleichnamigen Hotel gehörende Restaurant serviert (teure) einheimische und internationale Küche. Gelegentlich wird ein Büfett aufgebaut oder ein Barbecue veranstaltet. Hübsche Bar mit viel Atmosphäre. *Tgl. mittags und abends | Anse de la Réunion | Tel. 23 42 32 | €€€*

Auf La Digue können sich Touristen auch mit dem Ochsenkarren chauffieren lassen

1970er-Jahren diente es als Kulisse für einige Szenen des französischen Softpornos „Good-bye Emmanuelle", der zu großen Teil auf La Digue gedreht wurde.

ESSEN & TRINKEN

BERNIQUE [117 E2]

Das Bernique gehört zu einem Gästehaus. Hübsches Restaurant mit einheimischer Küche, bisweilen gibt es ein kreolisches Büfett. *Tgl. mittags und abends | La Passe | Tel. 23 42 29 | €*

ZEROF [117 D3]

Vorzügliche kreolische Küche; auch bei den Einheimischen ein beliebter Treffpunkt. *Tgl. mittags und abends | Anse de la Réunion | Tel. 23 44 39 | €*

ÜBERNACHTEN

BERNIQUE/ BIRGO GUESTHOUSE [117 E2]

Gepflegte Anlage inmitten vieler Kokospalmen mit fünf gemütlichen Zimmern. Bis zum Strand Anse la Passse sind es etwa 15 Minuten zu

Insider Tipp Fuß. Der Besitzer organisiert Ausfahrten mit einem Glasbodenboot. *La Passe | Tel. 23 42 29 | Fax 23 42 88 | €*

CALOU GUESTHOUSE [117 E2]
Familiär geht es hier zu, es gibt nur fünf Zimmer. Kreolische Küche im Restaurant, Bar, Fahrradverleih, Bootsausflüge. *La Passe | Tel./Fax 23 40 83 | www.calou.de | €*

CHOPPY'S BEACH BUNGALOWS [117 D2]
Kleine Anlage nahe der Anlegestelle für die Praslin-Fähren. Die nur zehn Bungalows sind einfach, aber sauber und liegen direkt am Strand. Halbpension ist Standard; wer will, kann auch Vollpension buchen. *La Passe | Tel. 23 42 24 | Fax 23 40 88 | choppys@seychelles.net | €*

LA DIGUE ISLAND LODGE [117 D2]
Größte (und teuerste) Unterkunft auf La Digue. Mindestaufenthalt drei Tage. Die 69 palmblattgedeckten Chalets sind komfortabel eingerichtet und gemütlich. Pool, Tauchbasis. *Anse de la Réunion | Tel. 23 42 33 | Fax 23 41 32 | www.ladigue.sc | €€€*

PATATRAN VILLAGE [117 E1]
Hübsches Hotel mit 18 Zimmern direkt über einer kleinen, verträumten Bucht. Im Restaurant wird noch die ursprüngliche Diguois-Inselkost angeboten, einmal wöchentlich gibt es ein kreolisches Büfett. *Anse Patates | Tel. 29 43 00 | Fax 29 43 09 | patatran@seychelles.net | €*

AM ABEND

So etwas wie eine organisierte Abendunterhaltung darf man auf La Digue nicht erwarten. Nach dem Sonnenuntergang, den man besonders schön an der Anse de la Réunion verfolgen kann, sitzt man in der Bar und nimmt den obligatorischen Sundowner. Da keine Straßenbeleuchtung existiert, sollte man die Taschenlampe nicht vergessen.

INSELN IN DER UMGEBUNG

Nordöstlich von La Digue liegen vier kleine Inseln, auf einer – *Félicité* [0] – lebte im 19. Jh. fünf Jahre lang der malaiische Sultan von Perak im Exil. Derzeit baut der weltweit agierende Resort- und Spa-Konzern *Per Aquum* auf Félicité eine luxuriöse Hotelanlage mit 35 komfortablen Villen, außerdem entstehen weitere 28 Residenzen, die zum Verkauf angeboten werden. Die anderen Inseln heißen *Grande Sœur* [0], *Petite Sœur* [0] und *Marianne* [0]. Félicité und Marianne erreichen Sie per Boot von La Digue, die anderen Inseln von Praslin aus. Zwischen Félicité und Grande Sœur liegen drei unbewohnte Inselchen: *Île Cocos, Île Platte* und *Île La Fouche.*

PRASLIN

[114–115] **Wer den selbst für die an Naturschönheiten reichen Seychellen einzigartigen Vallée-de-Mai-Nationalpark auf der Insel Praslin nicht besucht, hat eine der größten Sehenswürdigkeiten verpasst.** Mit einer Fläche von gerade mal 18 km^2 sicher kein Riese unter den Nationalparks dieser Erde, bietet er jedoch wie kaum ein anderer eine dichte Konzentration unterschiedlicher Wachstumsformen von Pflanzen. So etwa mögen die meisten Inseln dieses Archipels ausgesehen haben, bevor die ersten Europäer die

PRASLIN U

Seychellen betraten und an die urwüchsige Natur alsbald ihre „ordnende" Hand anlegten. Niemand weiß, warum sie dieses Tal verschonten; mag sein, dass es seine Undurchdringlichkeit war oder die Abgeschiedenheit tief im Inselinnern. Wie auch immer – bis heute jedenfalls blieb dieser größte zusammenhängende, Jahrmillionen alte Urwald der Seychellen nahezu völlig unberührt. Und es besteht die berechtigte Hoffnung, dass das unter strengen Schutz gestellte Gebiet sein Aussehen auch in Zukunft bewahren kann. Das Vallée de Mai mit seinem weltweit einzigartigen Coco-de-Mer-Palmenwald ist eines der kleinsten Gebiete, das die Unesco zum Welterbe deklariert hat.

> LOW BUDGET

- Während im *Casino des Îles* an der Anse Volbert auf Praslin im 1. Stock dem Glücksspiel gefrönt wird, gibt es unten neben einem Souvenirshop eine *Kunstgalerie (Eintritt frei)* und nebenan das kleine, recht günstige Restaurant *Tante Mimi (tgl.)* mit typisch seychellischer Küche (auf ordentliche Kleidung achten!).
- Ein schönes Vergnügen auf Praslin ist ein Abendspaziergang an der *Côte d'Or* zur *Anse Volbert* bei milden Temperaturen. Auf dem Weg gibt's einige Straßenrestaurants mit preiswerten einheimischen Spezialitäten.
- Gleich gegenüber dem Landungssteg auf La Digue gibt es einen Supermarkt, in dem Sie seychellische Gewürzmischungen preiswert kaufen können. Die Kochanleitungen lesen sich manchmal recht lustig ...

Praslin ist mit einer Länge von 12 km und einer maximalen Breite von 5 km die zweitgrößte Granitinsel der Seychellen. Zwischen der 45 km entfernten Hauptinsel Mahé und Praslin gibt es täglich bis zu 20-mal eine Flugverbindung (Flugzeit 15 bis 20 Minuten). Außerdem verkehren Schnellfähren, die für die Überfahrt ca. eine Stunde benötigen.

Nach Mahé ist Praslin das beliebteste Urlaubsziel der Seychellen-Besucher. Für sie gibt es eine ausreichende Zahl von Gästebetten in größeren und kleineren Hotels, die alle geschickt in die herrliche Landschaft eingefügt sind. Außer dem einzigartigen Dschungelgebiet im Vallée de Mai bietet Praslin in allen Himmelsrichtungen zauberhafte Strände.

Bis die Touristen kamen, lebten die Inselbewohner von der Landwirtschaft und vom Fischfang. Beides spielt zwar noch immer eine Rolle, doch arbeitet mittlerweile etwa die Hälfte der etwa 3600 Bewohner von Praslin für den Tourismus.

SEHENSWERTES

INSELRUNDFAHRT

Praslin ist durch ein – nach hiesigen Maßstäben – gut ausgebautes Straßennetz erschlossen. Ausgangspunkt für eine Rundfahrt könnte der Pier an der Baie Ste Anne sein, wo die Fähren nach Mahé anlegen. Benutzen Sie die ins Inselinnere führende Straße, gelangen Sie schon nach wenigen Hundert Metern in das Gebiet des Nationalparks *Vallée de Mai*. Durch eine atemberaubende Landschaft mit hoch aufragenden Mahagoni- und Eukalyptusbäumen fahren Sie 3 km bis zum Eingang des Parks.

ANSE LAZIO ★ [114 B2]

Ohne jeden Zweifel ist die Anse Lazio im Norden von Praslin der schönste Strand der Insel. Das hat sich natürlich herumgesprochen, und deshalb ist der Strand auch recht gut besucht. Genießen Sie trotzdem den Blick auf die ausgewaschenen Granitfelsen in kristallklarem Wasser. In der Zeit des Nordwestmonsuns brechen sich hier die Wellen in einer Höhe von mehreren Metern.

ANSE POSSESSION/ ANSE BOUDIN [114 B–C3]

Von Baie Ste Anne geht die Fahrt immer am Meer entlang über die Anse Volbert und dann zur Anse Possession. Hier stellte Marion Dufresne 1768 den „Stein der Besitzergreifung" auf, den *Pierre de Possession (Possession Stone)*. Mit diesem Akt, den der Kapitän Nicolas Morphey 1756 auch auf der Insel Mahé vollzog, erklärte Dufresne die Insel zu französischem Eigentum und gab ihr den heutigen Namen. Der erinnert an den damaligen Marineminister Gabriel de Choiseul, den Herzog von Praslin. Die Insel, die Sie von der Anse Possession aus sehen, heißt Curieuse. Von hier aus führt die Straße weiter über die Anse Boudin zur Anse Lazio.

Fischer landen im Hafen von Baie Ste Anne ihren Fang an

PRASLIN U

GRAND' ANSE [114 C4]

Die vom Vallée-de-Mai in Richtung Westen verlaufende Straße führt bis zum südlichen Ende der Grand' Anse, wo das Meer zeitweise recht aufgewühlt ist. Sie bietet kaum landschaftliche Reize, sodass sich die Weiterfahrt entlang der Küste Richtung Norden, und zwar bis zu Ste Marie's Point, eher lohnt. Von den aufeinandergetürmten Granitfelsen, die Sie nach kurzem Spaziergang erreichen, haben Sie einen herrlichen Ausblick auf Insel und Meer.

Insider Tipp

PERLENZUCHTFARM BLACK PEARL LTD. [114 B4]

Gegenüber dem Flughafen von Praslin findet man eine Muschelfarm, in der Perlen gezüchtet werden. Es handelt sich dabei um die einzige Perlenzuchtfarm im Indischen Ozean, in der die besonders schönen schwarzen Perlen *(black pearls)* gezüchtet werden. Zu sehen sind über 40 000 Muscheln, und man erfährt einiges über die Zucht. In einem kleinen Laden kann man auch gleich schönen Perlenschmuck erstehen. *Mo–Fr 9–16, Sa 9–12 Uhr | Eintritt 2,50 Euro | Tel. 23 31 50*

VALLÉE-DE-MAI-NATIONALPARK ★ [115 D4]

Ein *Nature Trail* genanntes Netz von Wanderwegen durchzieht das Tal. Die ausgeschilderten Pfade dürfen nicht verlassen werden. Kurz hinter dem Eingang sieht man eine Gruppe von Coco-de-Mer-Palmen, mit einem geschätzten Alter von 800–1000 Jahren, mit ziemlicher Sicherheit die ältesten Exemplare dieser botanischen Rarität. Es sollen hier ca. 6000 dieser Palmen stehen. Natürlich gibt es nicht nur die Coco de Mer, Botaniker haben 43 Pflanzenarten – darunter alle Palmenarten der Seychellen inklusive sechs endemischer – gezählt. Mit Glück sehen Sie den seltenen Schwarzen Papagei *(Black Parrot)* oder eine der vielen kleinen Echsen,

Gerade noch auszuhalten: Urlaubstraum an der Anse Lazio

die das Vallée de Mai bevölkern. *Tgl. 8–17.30 Uhr | Eintritt 15 Euro*

ESSEN & TRINKEN

BONBON PLUME [114 B2]

Nicht nur Touristen, auch besser verdienende Einheimische schätzen die hervorragende kreolische Küche des Hauses an der Anse Lazio. *Tgl., nur mittags, Abendessen nur auf Anfrage für mindestens 10 Personen | Anse Lazio | Tel. 23 21 36 | €€*

BRITANNIA [114 C4]

Hier könnte man einen Zwischenstopp bei der Inselrundfahrt einlegen, denn die gute kreolische Küche lohnt eine längere Unterbrechung. *Tgl. | Grand' Anse | Tel. 23 32 15 | €€*

sider pp CAPRICORN [114 A3]

Das Restaurant liegt zwar etwas abseits, der Weg lohnt sich jedoch wegen der allseits gelobten, guten und preiswerten einheimischen Küche. *So geschl. | Anse Kerlan | Tel. 23 32 24 | €–€€*

CHÂTEAU DE FEUILLES [115 E5]

Restaurant im gleichnamigen Hotel. Exzellente französische und kreolische Küche. Rechtzeitig reservieren. *Tgl., nur abends | Pointe Cabris | Tel. 29 00 00 | €€€*

ÜBERNACHTEN

BEACH VILLA [114 C4]

Im Chaletstil gebautes, kleines Hotel mit familiärer Atmosphäre. Neun Zimmer, von denen man eine herrliche Sicht auf die Nachbarinseln Cousin und Cousine Island genießt. Die Hotelmitarbeiter organisieren Bootsausflüge zu anderen Inseln sowie zum Tiefseeangeln und Schnorcheln. *Grand' Anse | Tel. 23 34 45 | Fax 23 30 98 | martin@seychelles.net | €*

BERJAYA PRASLIN BEACH [115 D3]

Gewiss kein Fünf-Sterne-Hotel, wegen seiner fast schon familiären Atmosphäre aber sehr beliebt. Die 79 hübsch eingerichteten Zimmer bieten Garten-, Meer- oder Poolblick. Mehrere Restaurants und Bars, großer Pool. Windsurfen, Schnorcheln und Hochseefischen gehören zum Angebot. *Anse Volbert | Tel. 28 62 86 | Fax 23 22 44 | www.berjayahotels-resorts.com/praslin.htm | €–€€*

HOTEL CAFÉ DES ARTS [115 D3]

Das Minihotel mit nur fünf Zimmern ist so beliebt, dass man frühzeitig buchen muss. Nicht nur die Lage am Strand (20 m entfernt) ist einzigartig, sondern auch die Einrichtung des Hauses, das der Künstlerin Christine Harter gehört. Ihre und andere Werke sind in einer kleinen Galerie zu sehen. Die großen, vollständig in Holz gehaltenen Zimmer mit hohen Decken haben ein Bad mit offener Dusche. *Anse Volbert | Tel. 23 21 70 | Fax 23 21 55 | www.cafe.sc | €€*

CHÂTEAU DES FEUILLES [115 E5]

Unweit der Fähranlegestelle liegt dieses hübsche, aber relativ teure Hotel mit nur neun Zimmern. Das Haus ist umgeben von einem großzügigen Park mit Swimmingpool. Am Wochenende steht den Gästen die vor Praslin liegende und zum Hotel gehörende Privatinsel *Grand Sœur* zur Verfügung. *Pointe Cabris | Tel. 29 00 00 | Fax 29 00 29 | www.chateaudefeuilles.com | €€€*

CHAUVE SOURIS ISLAND LODGE [115 D3]
Auf den ersten Blick vermutet man auf der kleinen Felseninsel vor der Côte d'Or gewiss kein Hotel. Es sind auch nur fünf Zimmer in einer Villa sowie ein Bungalow, die hier im Schatten mächtiger Bäume allen Komfort sowie all-inclusive bieten. Mindestaufenthalt drei Tage. Alle Wassersportarten. *Chauve Souris Island | Tel. 232003 | Fax 232133 | vacanze@seychelles.net* | €€€

COCO DE MER [115 D5]
Die 52 hübschen, geräumigen Bungalows liegen inmitten eines herrlichen tropischen Gartens, der direkt ans Meer grenzt. Guter Ausgangspunkt für Bootsausflüge, eigene Tauchbasis, Bootsanleger, Squashhalle. *Anse Bois de Rose | Tel. 290555 | Fax 290440 | www.cocodemer.com* | €€€

COLIBRI GUESTHOUSE [115 E5]
12 Zimmer hat der kleine Familienbetrieb mit einem grandiosen Blick über die Bucht von Ste Anne. Auf Wunsch werden Tauchausflüge organsiert. *Pointe Cabris | Tel. 294200 | Fax 294249 | colibri@seychelles.net* | €–€€

CONSTANCE LÉMURIA RESORT [114 D3]
Fünf-Sterne-Luxushotel in reizvoller Lage an einem der schönsten Strände von Praslin. Gediegene Ausstattung, besonders schöne Suiten. Restaurant mit kreolischer und internationaler Küche, Schönheitsfarm, Fitnesscenter, 18-Loch-Golfplatz. *115 Zi. | Anse Kerlan | Tel. 28 12 81 | Fax 28 10 01 | www.lemuriaresort.com* | €€€

LA RESERVE [114 C3]
Ruhige Hotelanlage mit 40 (teuren) Zimmern und einer Villa an der Anse Petite Cour an der Nordküste. Alle Wassersportarten, Tennis. Im Haus gibt es ein bekanntes Restaurant mit kreolischer und internationaler Küche. *Anse Petite Cour | Tel. 298000 | Fax 232166 | www.lareserve.sc* | €€€

AM ABEND

Partystimmung pur gibt es Fr/Sa ab 22 Uhr im ▸▸ *Oxygen Nightclub* an der Baie Ste Anne. Das Management legt Wert auf gediegene Kleidung. In einigen Hotels und *Coco Bello* spielen samstags Bands auf.

INSELN IN DER UMGEBUNG

CURIEUSE [114 B–C2]
2 km von Praslin entfernt liegt die nur 3 km² große Insel Curieuse, die 1768 ihren Namen von einem der Schiffe der Expedition von Marion Dufresne erhielt. Die Insel gehört zum Marine National Park und darf deshalb nicht bebaut werden. Einst befand sich hier eine Leprastation, heute leben hier nur der Inselwärter mit seiner Familie und etwa 250 Riesenschildkröten. Taucher und Schnorchler kommen auf ihre Kosten. Fahrten nach Curieuse werden von fast allen Hotels auf Praslin täglich angeboten. Seit Kurzem gibt es auf Curieuse in dem um 1870 errichteten Haus, das einst dem Arzt der Leprastation gehörte, ein *Ökomuseum* und ein *Besucherzentrum (tgl. 8–17 Uhr | Eintritt 10 Euro).*

ROUND ISLAND [115 F4]
Round Island (nicht zu verwechseln mit der gleichnamigen Insel vor

ND DIE NACHBARINSELN

sider ipp

Mahé) vor der weiten Bucht an Praslins östlicher Seite bietet ganz hervorragende Tauch- und Schnorchelmöglichkeiten. Bis nach Baie Ste Anne sind es nur knapp 5 km, von dort aus werden täglich Ausflüge zur Insel veranstaltet.

Schöner als mit dem Flugzeug reist man mit dem Schiff nach Praslin an

TAGESAUSFLÜGE

Verschiedene Veranstalter auf Praslin bieten Halbtags- oder Tagesausflüge zu Nachbarinseln an. Auf Cousin im Südwesten und Curieuse im Norden steht Natur im Mittelpunkt, und vor St. Pierre kann man sich zum Abschluss des Tages beim Schnorcheln abkühlen. Die Besucher werden mit dem Boot auf den Inseln abgesetzt und von Führern bei Wanderungen über die Inseln begleitet. Die Führer beantworten auch gerne Fragen. Die Wanderungen sind nicht anstrengend, die Steigungen moderat. Allerdings sollte man sich ausreichend mit Trinkwasser, Sonnen- und Insektenschutz eindecken. Mahlzeiten am Strand sind eingeschlossen. Das Erlebnis ist einmalig, aber nicht billig *(ca. 100 Euro)*. Ein Grund dafür sind die Landungsgebühren, die von den Veranstaltern für jeden Besucher auf jeder Insel zu entrichten sind. Da diese Einnahmen jedoch dem Naturschutz zugutekommen, sollte man sie als Spende betrachten. Anbieter gibt es viele; am besten erkundigt man sich an der Hotelrezeption. Die Teilnehmer werden mit Bussen am Hotel abgeholt.

> ZU BESUCH BEI ESMERALDA & CO

Vögel, Korallen und Landschaften wie aus dem Reiseprospekt

> Man braucht nicht nur ein gut gefülltes Portemonnaie, um die beiden Schwesterinseln Bird und Denis Island besuchen zu können, sondern auch eine Portion Glück. Denn dass diese beiden gerade mal 50 km voneinander entfernten Koralleninseln zu den Kleinoden der Seychellen zählen, hat sich mittlerweile herumgesprochen.

Und weil die Zahl der Bungalows bzw. Betten limitiert ist und diese deshalb rasch ausgebucht sind, bleibt vielen nur der Blick auf die Ansichtskarte oder in den Prospekt. Schade – und doch wieder nicht. Denn so besteht die durchaus reelle Chance, dass die Inseln bleiben, was sie in erster Linie sind: ein Rückzugsort. Keineswegs nur für zivilisationsmüde Urlauber, sondern auch für Tierarten, die sonst nirgendwo anders eine Lebensgrundlage finden.

Während der größte Teil der Seychellen aus Granit besteht, sind Bird und Denis Island Koralleninseln. Tief

Bild: Denis Island

BIRD ISLAND & DENIS ISLAND

unten im Ozean bildet zwar ebenfalls Granit die Grundlage, darauf bauten aber in Jahrhunderten, möglicherweise sogar über Jahrtausende hinweg Korallen ihre kunstvollen Gebilde. Viel Licht, warmes, sauberes Wasser mit Plankton (der Lieblingsnahrung der Korallen) und eine gleichmäßige Meeresströmung sind die idealen Voraussetzungen für das Wachstum von Korallen. Sie zu schützen, sollte eine Selbstverständlichkeit sein. Raubbau wurde leider in den vergangenen Jahrzehnten genug getrieben. Nicht nur unter Wasser, sondern auch auf den Inseln selbst. Ohne Hemmungen wurde zum Beispiel der Guano abgebaut, früher ein in aller Welt beliebter Pflanzendünger. Heute gibt es wegen des großen Angebots an chemischen Düngern so wenig Abnehmer für Guano, dass sich der Abbau nicht mehr lohnt.

BIRD ISLAND (ÎLE AUX VACHES)

[O] „Lebt ★ Esmeralda noch?" Diese Frage, die der Besitzer des gut 100 km nördlich von Mahé gelegenen Bird Island

Seltene Spezies:
Feenseeschwalben auf Bird Island

(auch Île aux Vaches) ziemlich häufig beantworten muss, hat durchaus ihre Berechtigung. Denn schließlich hat der alte Schildkröten-Herr mit dem für sein Geschlecht eher kuriosen Namen Esmeralda schon 150 Jahre (andere, gleichwohl kaum überprüfbare Quellen sprechen gar ehrfürchtig von 200 Jahren) auf dem stolzen, 1,80 m langen, gepanzerten Buckel. Er ist damit die älteste bekannte Riesenschildkröte der Welt. Esmeralda ist zweifellos der prominenteste Bewohner von Bird Island, wie man die gerade einmal 1,5 km lange und nur 600 m breite „Insel der Seekühe" – deren Namensgeber es heute dort schon lange nicht mehr gibt – eher nennt, einfach zum Inventar.

Abgesehen von den Landschildkröten, die Dauerbewohner der Insel sind, nutzen zwei Arten von Meeresschildkröten Bird Island zur Eiablage: die Echte Karettschildkröte (englisch *hawksbill turtle*) und die Suppenschildkröte (englisch *green turtle*). Weil die Seychellen der einzige Ort sind, an dem diese Tiere auch tagsüber ihre Eier ablegen, kann man sie nirgendwo so gut beobachten wie hier. Natürlich sollte man dabei sehr umsichtig vorgehen, sich vor Ort kundig machen und alle Hinweise befolgen, um das einzigartige Naturschauspiel nicht zu stören.

Entdeckt wurde die nördlichste Insel der Seychellen im Jahr 1756 von dem irischen Kapitän Nicolas Morphey, der im Auftrag von König Ludwig XV. durch die Seychellen segelte und eine ganze Reihe von Inseln für Frankreich annektierte. Heute befindet sich auch Bird Island in Privatbesitz, und der Eigentümer versteht sich auf sein Geschäft. Die 24 Bungalows sind stets gut gebucht – eine Folge der Unternehmensphilosophie, dass die Insel nur besuchen darf, wer mindestens einmal übernachtet.

Bird Island ist keine Granit-, sondern eine Koralleninsel und liegt am Rand des Mahé-Plateaus, das unweit vom Inselrand auf eine Tiefe von mehr als 1800 m abfällt. Seinen tropischen Bewuchs verdankt das Eiland dem Vogelkot, Guano genannt, den die zigtausend Seeschwalben, die regelmäßig zum Brüten hierher zurückkehren, hinterlassen. Auf dieser Grundlage gedeihen Kokospalmen, erstaunlicherweise aber auch Mangos, Papayas und Avocados.

SEHENSWERTES

VOGELSCHUTZGEBIET ★

Der nordöstliche Teil der Insel wurde zum Vogelschutzgebiet erklärt, und dieses ist die eigentliche Attraktion der Insel. Von einer Aussichtsplattform aus kann man die Vögel beobachten – das Betreten des Schutzgebiets selbst ist jedoch nicht erlaubt. Am interessantesten ist die Beobachtung in den späten Nachmittags- und den frühen Abendstunden, dann nämlich, wenn Millionen von Rußseeschwalben von der täglichen Nahrungssuche über dem Meer zurückkehren und sich mit ihren Artgenossen lautstark über ihre Erlebnisse austauschen – so macht es jedenfalls den Eindruck. Die Rußseeschwalben benötigen nur in den Monaten April bis Oktober ein Stück festes Land, und zwar zum Brüten und zur Aufzucht ihrer Jungen – die restliche Zeit des Jahres verbringen sie (so meinen jedenfalls die Ornithologen) fliegend über dem Meer. Schlafen tun sie nachts auf dem Wasser.

Außer Esmeralda lebt (neben etwa 45 menschlichen Bewohnern) noch eine zweite Riesenschildkröte auf Bird Island. Beide stammen allerdings nicht von hier, sondern wurden vor langer Zeit vom weit entfernten Aldabra-Atoll hierher umgesiedelt.

ESSEN & TRINKEN ÜBERNACHTEN

BIRD ISLAND LODGE

Die palmblattgedeckten Bungalows der Lodge verfügen über geräumige und ansprechend ausgestattete Zimmer, mit kleinen, zum Meer hin ausgerichteten Terrassen. Im Restaurant werden vorzügliche kreolische Gerichte serviert. *24 Bungalows | Auskunft und Buchung (nur Komplettarrangements) in Victoria auf Mahé: P.O. Box 1419 | Tel. 22 49 25 | Fax 22 50 74 | www.birdislandseychelles.com* | €€€

FREIZEIT & SPORT

So lange Sie die Vögel nicht stören, lässt man Ihnen freie Hand bei der Gestaltung Ihrer Freizeit. Der Hotel-

MARCO POLO HIGHLIGHTS

★ Esmeralda
Eine Riesenschildkröte, schwergewichtig und 150 Jahre alt (Seite 68)

★ Vogelschutzgebiet
Lassen Sie sich führen – Vogelkunde inbegriffen (Seite 69)

★ Inselrundgang auf Denis
Durch den Urwald zu schmalen Stränden (Seite 70)

★ Hausriff vor Denis
Unweit vom Ufer fällt das Riff 30 m tief ab – Spannung für Taucher (Seite 71)

besitzer stellt den Gästen ein Motorboot zum Hochseefischen zur Verfügung, zum Schnorcheln eignet sich bei Flut das Revier vor dem südlichen Inselteil.

AM ABEND

Erwarten Sie auf Bird Island keine aufregende Abendunterhaltung. Ein gutes Buch, eine gute Flasche Wein und eine Unterhaltung mit anderen Gästen entschädigen reichlich für die fehlende Diskothek.

DENIS ISLAND

[O] **Flach wie ein Brett ist das gerade einmal 1,5 km² große Inselchen Denis Island. Von hier sind es nur noch etwa 8 km bis zu jener Stufe im Meeresboden, an der das Mahé-Plateau unter Wasser gut 1800 m tief abfällt.** Nur 3,5 m ragt Denis Island aus dem Meer empor, rundherum liegt ein schützendes Korallenriff – ein phantastisches Revier für Schnorchler und Taucher. Im Gegensatz zu den meisten anderen Inseln, die sich auf dem unterseeischen Granitplateau erheben, ist Denis eine richtige Koralleninsel, entstand also wesentlich später als beispielsweise La Digue, Praslin oder die Hauptinsel Mahé.

Insider Tipp

Denis befindet sich in Privatbesitz, und das ist auch der Grund dafür, dass man einen Ausflug hierher nur in Verbindung mit einer Übernachtung buchen kann. Exklusivität ist hier Trumpf – und so sind die Übernachtungspreise auch entsprechend hoch.

Auch auf Denis Island geht die Sage um, auf der Insel sei seit Jahrhunderten der Schatz eines Piraten versteckt. Einige Suchaktionen blieben jedoch bislang genauso erfolglos wie auf anderen Inseln. Allerdings fand man das Skelett eines Mannes, dessen Herkunft nach wie vor im Dunkeln liegt.

Sie erreichen die Insel entweder mit dem Versorgungsboot, das regelmäßig zwischen Mahé und Denis verkehrt, oder zweckmäßigerweise mit dem dreimal wöchentlich *(Di, Do, Fr)* verkehrenden Flugzeug. Komplettarrangements haben die Reisebüros in Victoria auf Mahé im Angebot. Die Flugzeit beträgt nur eine halbe Stunde.

SEHENSWERTES

INSELRUNDGANG AUF DENIS ★

Denis Island ist vollständig von einem dichten Wald bedeckt: Kasuarina- und Takamaka-Bäume sowie Kokospalmen. Besondere botanische Raritäten oder gar Sensationen sollten Sie bei einem Inselrundgang, den Sie in gemächlicher Gangart in maximal eineinhalb Stunden absolviert haben, nicht erwarten. Aber Sie können ein paar Riesenschildkröten beobachten und in den Bäumen bei genauerem Hinsehen ab und zu ein paar hübsche, bunte tropische Vögel. An der Nordspitze der Insel erhebt sich ein Leuchtturm aus der Zeit um die Jahrhundertwende; zwei verlassene Steingebäude dienten einst wohl als Gefängnis.

ESSEN & TRINKEN ÜBERNACHTEN

DENIS ISLAND LODGE

Die aus 25 Bungalows bestehende Hotelanlage bietet jeden Komfort und liegt an der Westküste der Insel, unweit der Flugzeuglandepiste. Das einzige Restaurant gehört zum Hotel. Die Küche wird vor allem gelobt, weil fast alle Zutaten auf der Insel wachsen und somit stets frisch auf den Tisch kommen. *Denis Island Lodge | Reservierung unter Tel. (Victoria) 295999 | Fax 321010 | www.denisisland.com* | €€€

FREIZEIT & SPORT

Denis Island ist zum größten Teil von feinen, aber recht schmalen Sandstränden umgeben. Die eigentliche Attraktion von Denis Island aber liegt unter Wasser, genauer gesagt vor der Westküste. Nicht weit entfernt vom Ufer fällt das ★ *Hausriff vor Denis* auf eine Tiefe von bis zu 30 m ab; hier können Sie eine außergewöhnliche Vielfalt von Meeresbewohnern entdecken. Das Revier um die Insel gilt als sehr fischreich. Interessanterweise sind die Schäden, die durch das weltweite Klimaphänomen El Niño 1998 verursacht wurden, nur noch an exponierten Stellen sichtbar. Obwohl selbst von renommierten Meeresbiologen vorausgesagt wurde, dass es viele Jahre dauern würde, bis sich die Korallen von dem plötzlich auftretenden Warmwasserstrom erholen, sind schon wieder viele Weichkorallen herangewachsen.

Für die sportliche Unterhaltung gibt es Segelboote, Surfbretter und Angelausrüstungen.

AM ABEND

Spätestens während des spektakulären Sonnenuntergangs rücken die Sorgen des heimischen Alltags in weite Ferne. Nachtleben? Fehlanzeige!

Allein in der Weite des Ozeans: einsamer Strand auf Bird Island

> WANDERN STEHT HOCH IM KURS

Dichter Urwald, tropische Vegetation und ideale Strände in exklusiver Ruhe und Abgeschiedenheit

> Egal, ob Sie nur einen Tagesausflug machen oder die knapp 20 km^2 große Insel gleich zum Urlaubsquartier erwählen – ein Besuch auf der vor der Nordwestküste von Mahé gelegenen Insel Silhouette gehört unbedingt zu einem Seychellen-Urlaub dazu.

Ungefähr so könnte Mahé nämlich ausgesehen haben, bevor der Mensch kam und an die Natur Hand anlegte: Dichter Urwald mit üppiger tropischer Flora prägt das Bild dieser in ihrem Charakter Mahé ähnlichen Insel, die gleich drei Berge mit einer Höhe von mehr als 500 m besitzt. Der Mount Dauban ist mit einer Höhe von 751 m der dritthöchste Berg der Seychellen. Man kann ihn besteigen und hat nach dem (anstrengenden) Aufstieg vom Gipfel eine herrliche Aussicht bis nach Mahé hinüber.

So vielfältig wie die Pflanzenwelt ist auch die Tierwelt. Neben einigen

Bild: Westbeach, North Island

SILHOUETTE & NORTH ISLAND

Dutzend Riesenschildkröten, die auf Silhouette leben, gibt es zahlreiche Vogelarten, die man bei einem gemächlichen Inselrundgang sehr gut beobachten kann. Silhouette ist von Mahé nur 18 km entfernt, besteht aus purem Granit und ist die drittgrößte Insel der Seychellen. Einen Flugplatz einzurichten ist wegen der fast gebirgigen Landschaft nicht möglich und – wegen der Nähe zur Hauptinsel Mahé – auch wenig sinnvoll.

Auch North Island ist einen Tagesausflug von Silhouette oder von Mahé aus allemal wert. Die Insel liegt nur 6 km von Silhouette und knapp 25 km von Mahé entfernt; es bestehen mehr oder weniger regelmäßige Bootsverbindungen.

SILHOUETTE

[116 A-C1-3] **Ihren Namen hat Silhouette von dem französischen Finanzminister**

Etienne de Silhouette, der der Legende nach sein Haus nur mit (billigen) Scherenschnitten statt mit (teuren) Gemälden schmückte und damit auch dem Schattenriss seinen Namen gab.

Europäer erforschten die Insel erstmals 1767; einige Jahrhunderte zuvor waren aber wahrscheinlich schon arabische Seefahrer auf dem Eiland. Die Geschichte der Insel ist untrennbar mit der Geschichte der Familie Dauban verknüpft, deren letztes Mitglied erst vor wenigen Jahren starb. Dass er 1924 als Speerwerfer an den olympischen Spielen in Paris teilnehmen konnte, verdankte er einem Talent, das er sich als Kind beim Harpunieren von Fischen in den Riffen von Silhouette angeeignet hatte. Sein Großvater Auguste hatte die Insel gekauft und dort ein prachtvolles Anwesen gebaut.

Heute gibt es drei kleine Ortschaften mit etwa 200 Bewohnern, die in erster Linie von der Kokosnussernte leben. Aus dem Fruchtfleisch der Nüsse stellen sie Kopra her. Dazu gibt es einen bescheidenen Anbau von Gewürzpflanzen, Kaffee, Tabak und tropischen Früchten. Seit dem Bau des Luxushotels Labriz sind auch im Torismusbereich Arbeitsplätze entstanden. Die Insel selbst ist – abgesehen von den zum Hafen hin gelegenen Teilen – nur wenig erschlossen und dient auch deshalb als Heimat vieler seltener Pflanzen.

Obwohl die Ortschaften alle an der Küste liegen, ist es – bedingt durch den Seegang – oft nicht mög-

Zu den Fleisch fressenden Pflanzen zählt die Kannenliane (Pitcher Plant)

lich, sie mit dem Boot über das Wasser zu erreichen. Es bleibt Bewohnern wie Besuchern dann nur der weitaus beschwerlichere Weg durch den dichten Wald. Grundsätzlich ist Silhouette auch leicht über den (fischreichen) Kanal erreichbar, der die Insel von Mahé trennt. Bootsbesitzer an der Beau Vallon Beach bieten solche Tagesfahrten an und haben auch Angelgerät dabei (womit in aller Regel das Mittagessen schon gesichert ist). Die Überfahrt dauert etwa eine Stunde.

SEHENSWERTES

ARABISCHE GRÄBER ★ [116 C2]

Dreißig Gräber an der *Anse Lascars* sind stumme Zeugen der Tatsache, dass etwa ab dem 9. Jh. arabische Seefahrer auf der Insel landeten. Die Besichtigung der Gräber lässt sich gleich mit einer sehr eindrucksvollen Wanderung durch die üppig wuchernde Natur verbinden: Folgen Sie einfach dem Weg, der links vom Hafen beginnt, die Küste entlangführt und dort abrupt auf einem hohen Felsriff endet. Etwa 200 m vom Hafen entfernt befindet sich in einem Mausoleum das Grab der Familie Dauban, die das Kolonialhaus einst bewohnte. Unterwegs werden Sie mit ziemlicher Sicherheit ein paar Riesenschildkröten und – mit etwas Aufmerksamkeit – auch einige tropische Vögel in den Wäldern unterhalb des Berges Gratte Fesse sehen.

Insider Tipp

INSELRUNDGANG SILHOUETTE ★

Für einen Inselrundgang sollten Sie mindestens einen halben Tag einplanen – und dazu am Hafen unbedingt einen ortskundigen Führer engagieren, der Ihnen auf den mitunter steilen Pfaden den Weg weist. Entschädigt wird man für den zum Teil etwas beschwerlichen Marsch durch eine eindrucksvolle und weitgehend naturbelassene Landschaft mit einer Vielzahl von verschiedenen Pflanzen und Tieren. Als botanische Rarität gilt die Kannenliane *(Pitcher Plant)*, die zur Gruppe der Fleisch fressenden Pflanzen zählt. Von ihr gibt es auf Silhouette noch einige sehr schöne Exemplare.

Insider Tipp

LA PASSE [116 C2]

Wenn man von Mahé kommt, ist der kleine Ort La Passe an der Ostküste die erste Station auf Silhouette, hier befindet sich ein kleiner Hafen. Gleich gegenüber steht ein altes Ko-

MARCO POLO HIGHLIGHTS

★ Inselrundgang Silhouette
Besuch bei einer Fleisch fressenden Pflanze (Seite 75)

★ North Island Resort
Leben wie Robinson im Luxus (Seite 77)

★ Arabische Gräber
Schwer zu entziffernde Inschriften – aber die Araber sind wirklich dagewesen, vermutlich sogar als erste ... (Seite 75)

★ Labriz Silhouette
Das einzige Hotel auf Silhouette, aber was für eins! (Seite 76)

lonialhaus. Es ist eines der schönsten Holzhäuser alten Stils auf den Seychellen. Die Häuser, die den Ort La Passe bilden, liegen zur Rechten.

ESSEN & TRINKEN ÜBERNACHTEN

LABRIZ SILHOUETTE ★ [116 C2]

Das einzige Hotel auf der Insel Silhouette zählt zu den edelsten Unterkünften, die man auf den Seychellen buchen kann. Entlang eines 2 km langen, feinsandigen Strandes stehen 111 Chalets, die kleinsten mit 88, die größten mit 185 m² mit eigenem Garten und Pool. Geboten wir dem zahlenden Gast alles, was einem Fünf-Sterne-Resort entspricht – vom Spa über das Wellnesszentrum bis hin zu allen möglichen Wassersportarten. Die hoteleigene Tauchbasis veranstaltet regelmäßig Ausfahrten zu fast unberührten Unterwasserrevieren. Nicht weniger als fünf Restaurants bieten kulinarische Genüsse aus aller Herren Länder. *Reservierung in Victoria: Tel. 293949 | Fax 226373 | www.labriz-seychelles.com* | €€€

AM ABEND

Ein Schwätzchen mit den Einheimischen, eine gute Flasche Wein und das Buch, das Sie schon immer mal lesen wollten, müssen hier als Ersatz für Disko und Nachtclub herhalten.

NORTH ISLAND

[0] Beachtlich sind die „Berge" auf der nur gut 2 km² großen, dicht begrünten Insel. Sie erreichen immerhin eine Höhe von 214 m über dem Meer. North Island – französisch Île du Nord – eignet sich vorzüglich zum Spazierengehen und Wandern. Insider Tipp

North Island war 1609 die erste Granitinsel der Seychellen, die von Europäern erforscht wurde, doch blieb diese erste – englische – Expedition noch folgenlos. Danach wurden die Grotten entlang der Küste gelegentlich von Seeräubern als Verstecke genutzt. Auf einer Weltreise machte

> SEYCHELLEN KOMPAKT

Mit dem Zweimaster jeden Tag zu einer anderen Insel

Jede Insel der Seychellen hat ihre Reize, und man sollte sich nicht auf den Besuch einer einzigen beschränken. Ständig die Koffer zu packen und das Hotel zu wechseln ist aber auch nicht die ideale Lösung. Nun gibt es eine Alternative: Kreuzfahrten zwischen den (Inneren) Inseln werden von verschiedenen Veranstaltern angeboten. Dabei handelt es sich nicht um Ozeanriesen, sondern um wendige Segelschoner wie die „Sea Pearl" oder die „Sea Shell" mit maximal 16 Passagieren, die auch die Möglichkeit bieten, vom Schiff aus zu baden und zu tauchen. Unterkunft und Vollpension sind inklusive, und es werden eine Reihe von Inseln angesteuert, für die man sonst für viel Geld separate Ausflüge buchen muss. Unterm Strich sind die Kreuzfahrten sogar eine recht preiswerte Alternative zum Hotelurlaub. Im Normalfall wird man aber beides kombinieren. *Silhouette Cruises | Tel. 32 40 26 | Fax 32 43 65 | cruises@seychelles.net | www.seychelles.net/cruises*

hier auch die betuchte britische Hobbymalerin Marianne North Station. Ihre eindrucksvollen Seychellen-Bilder kann man noch heute in England bewundern.

Paradiesisches Vergnügen: Kreuzfahrt mit dem Zweimastschoner „Sea Shell"

North gehört zu den fruchtbarsten Inseln des ganzen Archipels. Vor wenigen Jahren noch lebten hier fast hundert Einwohner von Gemüseanbau, Viehzucht und Fischfang. Bis zur Eröffnung des neuen North Island Resorts gab es für Touristen keine Möglichkeit, auf der Insel zu übernachten.

ÜBERNACHTEN

NORTH ISLAND RESORT ★

Das 2002 eröffnete 5-Sterne-Hotel mit seinen 12 Bungalows zählt – ähnlich wie die Resorts auf Frégate und Cousine – zu jener Kategorie von Resorts, die ihren Gästen inmitten einer naturnahen Atmosphäre ein Höchstmaß an Luxus bieten. Die Bungalows liegen entlang der flachen Küste und sind gegeneinander abgeschirmt. Die Betreiber legen großen Wert darauf, dass die Besucher erfahren und anerkennen, welche Anstrengungen man unternimmt, um den Erhalt der Natur trotz des Hotelbetriebs zu sichern. Die Gäste erhalten ausführliche Informationen und können jederzeit mit den hier tätigen Forschern und ansässigen Naturschützern sprechen. Es werden auch geführte Wanderungen angeboten. Vermarktet wird das Hotel von einer südafrikanischen Firma. *www.north-island.com* | €€€

> WO SCHILDKRÖTEN NICHT MEHR IM SUPPENTOPF LANDEN

Das Paradies hat einen Namen

> Zugegeben: Schwierig ist die Anfahrt und ziemlich lang außerdem. Wer es trotzdem wagt, wird aber reich belohnt. Die Atolle und Inseln der Äußeren Seychellen bilden nämlich einen äußerst ungewöhnlichen Kontrast zu dem, was man sonst unter dem Begriff Seychellen kennt.
Denn die Inseln bestehen nicht aus Granit, sondern wie auch Denis und Bird Island sind sie das Produkt jahrtausendelangen Wachstums von Korallen. Im Gegensatz zu den Inseln der Inneren Seychellen liegen sie nicht mehr auf dem eingangs beschriebenen Unterwasserplateau, sondern außerhalb davon gut 200 km südwestlich der Hauptinsel Mahé.

Alle Inseln der Äußeren Seychellen gehören zum Feinsten, was der Archipel vor der afrikanischen Küste zu bieten hat: Strände mit Sand wie Puderzucker, glasklares Wasser, eine faszinierende Unterwasserwelt. Es scheint auch, dass sich die Natur von

Bild: Höhlentauchen vor Desroches

ÄUSSERE SEYCHELLEN

den Zerstörungen, die das Klimaphänomen El Niño im Sommer 1998 angerichtet hat, schneller wieder erholt, als es Pessimisten befürchtet hatten.

Auf den meisten Äußeren Inseln gibt es keine Unterkünfte und keine festen Schiffsverbindungen zu anderen Inseln. Wer jedoch auf Alphonse oder Desroches übernachtet, kann sich von dort ansässigen Charterunternehmen ein Ausflugsprogramm zusammenstellen lassen, das – im Rahmen des Erlaubten und witterungsbedingt Zulässigen – zu einigen der Inseln führt, die nicht jeder Seychellen-Urlauber zu Gesicht bekommt.

ALDABRA-ATOLL

[117 D–F5–6] Die Inseln des Aldabra-Atolls befinden sich – weit außerhalb des Mahé-Plateaus – auf einem unterseei-

ALDABRA-ATOLL

schen, etwa 1000 m tief gelegenen Basaltfundament, das sich vor etwa 80 000 Jahren, vermutlich durch die Eruption eines Vulkans, emporwölbte – und bis auf die Kraterränder wieder versank. Zum Atoll zählen 14 Inseln mit nur 20 Bewohnern: Grande Terre, Île Dubois, Îles aux Cèdres, Îlot Emile, Île Esprit, Îlot Lanier, Îlot Magnan, Île Moustiques, Îlot Parc, Île Michel, Malabar, Picard, Polymnie und Îlot Yangue.

Die größten Inseln sind Grande Terre und Malabar; insgesamt umfasst die Aldabra-Gruppe eine Landfläche von knapp 154 km^2. Ganz Mahé würde in die Lagune passen. Legt man die Gesamtfläche von Land und Lagune zu Grunde, ist das Aldabra-Atoll mit 365 km^2 das größte der Erde.

Kaum zu glauben und doch wahr: Wäre es nach dem Willen einiger britischer Strategen gegangen, gäbe es heute im Aldabra-Atoll einen militärischen Stützpunkt. Der Dank, dass es so weit nicht gekommen ist, gebührt der Labour-Regierung, die sich im Jahre 1971 dafür starkmachte, jegliche Militärpräsenz östlich des Suez-Kanals aufzugeben. So ging dieser Kelch an dem Atoll vorüber.

Auf dem Aldabra-Atoll leben wieder Tausende von Riesenschildkröten

Die Abgeschiedenheit des Atolls ist wohl der wichtigste Grund dafür, dass die einzigartige Flora und Fauna erhalten blieb. Entdeckt wurde Aldabra vermutlich schon im 9. Jh. von arabischen Seefahrern, worauf auch der Name „alkhadra" (die Grüne) hindeutet. Später dann, um 1502, war der Weltumsegler Vasco da Gama einige Tage auf dem Aldabra-Atoll zu Gast. Offiziell wurde Aldabra in der jüngeren Geschichte erstmals 1742 von Lazare Picault gesichtet. Danach wurde die Insel zwar hin und wieder von vorbeifahrenden Schiffen besucht, doch die Landung war schwierig, das Gelände unwirtlich, und es gab kein Süßwasser. Potenzielle Siedler zogen nach kurzer Zeit wieder ab. Lediglich einige Chinesen ließen sich zu Anfang des 20. Jhs. nieder, um hier aus Seegurken die Fasern zu gewinnen, die man in Fernost als Delikatesse schätzte. Man holzte zudem Teile des Mangrovenwaldes ab und tötete Unmengen von Land- und Meeresschildkröten – zum Verzehr und zur Gewinnung einer Gallertmasse, die als Grundstoff für Schildkrötensuppe diente.

Das Aldabra-Atoll gilt als die Heimat der ★ *Riesenschildkröte*. Zu Beginn des 20. Jhs. stand sie kurz vor der Ausrottung. Tausende Schildkröten landeten in den Suppentöpfen exaltierter Feinschmecker in der ganzen Welt. Der Naturforscher Charles Darwin war der erste, der auf die Gefahr der Ausrottung hinwies; er sah die Tiere als lebende Zeugen einer längst vergangenen Epoche der Erdgeschichte. 200 Mio. Jahre sollen sie überstanden haben, ohne ihr Erscheinungsbild wesentlich verändert zu haben.

Heute stehen die Riesenschildkröten unter strengem Naturschutz. Seither erholt sich der Bestand wieder. Auf dem ganzen Atoll leben jetzt schon wieder fast 150 000 Schildkröten. Nur als zeitweilige Gäste kommen dazu einige Seeschildkrötenarten hierher, und zwar nur, um von Dezember bis März ihre Eier hier im Muschelsand zu vergraben. Schildkröten sind Allesfresser, ernähren sich aber hauptsächlich von Pflanzen und Gräsern.

Die Tatsache, dass das gesamte Aldabra-Atoll auch unter dem Schutz der Unesco steht, bringt es mit sich, dass ein Landgang nicht ohne weiteres möglich ist. Man benötigt dazu eine Sondererlaubnis. Diese ist inbegriffen, wenn man sich einer organisierten Expedition, etwa mit der „Indian Ocean Explorer" *(www.diveseychelles.com.sc)*, anschließt. Erkundigen Sie sich ansonsten im Touristenbüro im Independence House in Victoria auf Mahé nach den aktuellen Regelungen. Da es (noch) keinerlei touristische Einrichtungen gibt, muss man entweder auf dem Boot, mit dem man angereist ist, übernachten

MARCO POLO HIGHLIGHTS

★ Riesenschildkröten
Hier ist ihre Heimat
(Seite 81)

★ Pilzinseln
Im Aldabra-Atoll, wo „Steinpilze" aus dem Wasser wachsen
(Seite 82)

★ Unterwasserwelt
Betörend ist die tropische Farbenpracht vor Desroches
(Seite 85)

★ Desroches Island Lodge
Einfach die Seele baumeln lassen
(Seite 85)

oder die Weiterreise am selben Tag antreten. Die Fahrt mit der „Indian Ocean Explorer" kostet pro Person ca. US$ 325 am Tag, der Charterflug nach Assumption US$ 1000.

Erhalten Sie die Genehmigung, die Inseln im Atoll zu betreten, treffen Sie auf eine vielfältige Natur: Insider Tipp Mehr als 270 verschiedene Pflanzen gibt es hier, davon sind etwa zwei Dutzend endemisch, das heißt, sie gibt es nur hier. Bemerkenswert sind einige botanische Besonderheiten wie die Aldabra-Lilie oder der Aldabra-Schraubenbaum. Man muss allerdings dafür schon etwas genauer hinsehen, denn auf den ersten Blick erscheint die Flora wenig spektakulär und auf Mangroven, Kokosnusspalmen und Buschwerk beschränkt. Artenreicher ist die Fauna, darunter Dutzende Vogelarten, unter ihnen die Weißkehlralle, der letzte flugunfähige Vogel des Indischen Ozeans, oder der Aldabra-Drongo, ein Singvogel. Auch er ist nur noch auf dem Aldabra-Atoll anzutreffen. Wegen der Vielfalt seiner zum Teil endemischen tierischen Bewohner wurde das Aldabra-Atoll von den Vereinten Nationen bereits 1983 zum Weltnaturerbe erklärt.

Ungewöhnlich ist die großflächige Lagune, die durch vier Öffnungen aus dem Meer gespeist wird und einen Tidenhub von bis zu 3 m aufweist. Bei Ebbe liegt die Lagune fast trocken. Dann fallen die seltsam und bizarr geformten ★ *Pilzinseln* besonders ins Auge: Es sind Kalksteinplatten, die durch die Erosion an ihrer Unterseite ausgewaschen sind.

> KREOLISCH FÜR GÄSTE

Ein paar Redewendungen für den Anfang

Natürlich müssen Sie vor Ihrem Urlaub nicht Kreolisch lernen – das Personal der meisten Hotels und Restaurants spricht Englisch oder Französisch, oft sogar eine weitere Fremdsprache (meist Deutsch oder Italienisch). Mit ein paar kreolischen Redewendungen sind Sie aber gut gerüstet. Außerdem zeigt der Gebrauch der Landessprache den Einheimischen, dass Sie sich mit dem Land schon befasst haben.

Wo ist ein Restaurant?	*Kote i annan en restoran?*
Essen/Trinken	*Manze/bwar*
Bitte die Speisekarte!	*Meni, silvouple!*
Bitte ein Bier	*En labyer, silvouple*
Bitte einen Kaffee	*En Kafe, silvouple*
Was ist das für ein Fisch?	*Ki mannyer sa pwason i apele?*
Salz, Zucker, Brot, Butter	*disel, disik, dipen, diber*
Wie viel kostet das?	*Konbyen sa?*
Bitte die Rechnung	*Bil, silvouple*
Wo ist die Toilette?	*Kote i annan en kabinen, silvouple?*
Bitte, entschuldigen Sie!	*Ekskiz*
Das macht nichts, keine Ursache!	*Pa dekwa*

ÄUSSERE SEYCHELLEN

Wie bei Hitchcock: Ein Schwarm von Rußseeschwalben fliegt auf

AMIRANTEN

[O] Von den „Äußeren" Koralleninseln, die sich von den Inneren Seychellen in Richtung afrikanisches Festland erstrecken, liegt die Gruppe der Amiranten der Hauptinsel Mahé am nächsten; die Distanz zwischen Mahé und den Amiranten beträgt nur 220 bis 340 km. Unter dem Namen Amiranten sind mehrere Inselgruppen zusammengefasst. Zu den Amiranten, zu denen die Inseln Alphonse, D'Arros, Rémire, Boudeuse, Desnœufs, Desroches, Étoile und Marie Louise gehören, zählt man auch die Inselgruppen der African Banks, das St.-Joseph- und das Poivre-Atoll. Alle Inseln der Amiranten sind ein Paradies für Seevögel. Auf Desnœufs sind es z.B. die Rußseeschwalben, die hier in zahlreichen Kolonien leben – Insider Tipp besonders lebhaft ist das Treiben in der Brutzeit, den Monaten Mai bis Juli. Ein Teil der Vogeleier wird, da sie als Delikatesse gelten, eingesammelt und nach Mahé gebracht.

ALPHONSE [O]

Die drei Inseln der Alphonse-Gruppe erstrecken sich über eine Länge von 16 km. Mit dem Namen Alphonse wurde der Entdecker, Chevalier Alphonse de Pontevez, geehrt; St. François, der Name der Nachbarinsel, geht auf den heiligen Franz von Sales zurück. Die dreieckige Koralleninsel Alphonse ist etwa 1,2 km breit und liegt am Rand einer Lagune, die zum Baden und Schwimmen einlädt und reich ist an Fischen und Meeresschildkröten. Das Eiland ist von einem dichten Kokospalmenhain bedeckt. Interessant sind auch die inzwischen verwilderten Sisal- und Baumwollplantagen aus dem 19. Jh. Das vorgelagerte Riff ist hervorragend zum Schnorcheln geeignet. Außerdem hat sich Alphonse zum Paradies für Fliegenfischer entwickelt.

Die Freizeitmöglichkeiten auf Alphonse selbst sind begrenzt, aber die Insel bietet eine gute Ausgangsbasis für Ausflüge zu den Inseln des Nachbaratolls, *Bijoutier* und *St. François* (80–120 Euro). Schnorcheltrips schlagen mit 25 Euro, Sonnenuntergangskreuzfahrten mit 50 Euro und Angelausflüge mit etwa 70 Euro zu Buche.

Das *Alphonse Island Resort* am Lagunenrand der Insel ist derzeit die am weitesten von der Hauptinsel entfernte Unterkunft auf den Seychellen. Sie bietet insgesamt 30 Chalets in zwei Kategorien und besitzt einen Swimmingpool, einen Tennisplatz sowie ein Wellnesscenter. Das Wassersportzentrum des Hotels vermietet Kanus sowie Tauch- und Angelausrüstungen. Im Restaurant *Bijoutier* steht fangfrischer Fisch auf der Karte. *Tel. 292800 | Fax 292899 | www.alphonse-resort.com* | €€€

Die regionale Airline IDC fliegt die Insel fünfmal wöchentlich *(tgl. außer Di und Do)* von Mahé aus an (Flugzeit etwa 1 Stunde), außerdem im Charterbetrieb nach Bedarf. Flüge können nur in Verbindung mit der Unterkunft gebucht werden.

Himmlische Ruhe in traumhafter Umgebung: Desroches Island Lodge

D'ARROS [O]

Nach D'Arros, 45 km von Desroches entfernt, gelangt man am besten mit dem Schiff, mit dem regelmäßig Tagesausflüge unternommen werden. Sehenswert ist die nach dem Marineoffizier Baron D'Arros benannte Insel vor allem wegen der erstaunlich abwechslungsreichen Vegetation auf einer Fläche von gerade einmal 1,5 km^2. Obwohl hier auch von Natur aus Kokospalmen wachsen, wurden zur Kopragewinnung zusätzlich Plantagen angelegt.

Die Insel wurde von einem Neffen des letzten Schahs von Persien gekauft, der die kommerzielle Nutzung einstellte und den Naturschutz förderte. Seitdem hat sich die Natur auf der Insel gut erholt. Insbesondere die Ausrottung des Keilschwanzsturmtauchers, dessen Küken auf den Seychellen als Delikatesse galten, konnte noch rechtzeitig gestoppt werden.

DESROCHES [O]

Die größte Insel der Amiranten liegt etwa 230 km von Mahé entfernt auf einem unterseeischen Basaltplateau und verfügt über eine Landepiste für die kleinen Inselhüpfer der IDC *(fünfmal wöchentlich, Flugzeit von Mahé ca. 30 Minuten)*.

Die Insel Desroches erhielt ihren Namen von einem Gouverneur, der im 18. Jh. auf Mauritius regierte. Ein Besuch ist das ganze Jahr über empfehlenswert; Taucher sollten sich jedoch wegen der klareren Sicht unter Wasser auf die Monate des Nordwestmonsuns (Dezember bis März) beschränken. Dann ist es aber leider nicht möglich, die besonders artenreiche Steilwand, die am äußeren Rand der Lagune mehrere Tausend Meter in die Tiefe des Indischen Ozeans abfällt, zu besuchen – wegen sehr gefährlicher Strömungen.

Die Sehenswürdigkeiten von Desroches liegen etwa zu gleichen Teilen über und unter Wasser. Auf der Insel ist es die interessante und abwechslungsreiche Landschaft, davor eine faszinierende und mit ihrer Farbenpracht betörende ★ *Unterwasserwelt* mit einer Unzahl tropischer Fische und anderer Meeresbewohner. Die Korallen sind leider auch hier ausgeblichen. Auf der vorwiegend mit Palmen bestandenen Insel gibt es eine Vielzahl von Wanderwegen. Bei einem Spaziergang unter den Schatten spendenden Baumkronen lässt sich die Vogelwelt hervorragend beobachten – interessanterweise leben hier neben zahlreichen anderen Vogelarten auch gewöhnliche Haussperlinge, von denen man nicht genau weiß, wie sie hierher gelangt sein könnten.

Insider Tipp

Die ★ *Desroches Island Lodge* ist die einzige Unterkunft auf der Insel, verfügt jedoch über jeglichen Komfort (bis hin zum Satellitentelefon). Die zwanzig Zimmer liegen nur wenige Meter vom schneeweißen Sandstrand entfernt. Auch das einzige Restaurant auf der Insel *(€€)* gehört zum Hotel. Als Spezialität werden die überraschend preiswerten Fischgerichte weithin gerühmt. *Tel. 22 90 03 | Fax 22 90 02 | desroche@seychelles.net | €€€*

Wer abendliche Unterhaltung oder gar Trubel sucht, dürfte auf den Amiranten-Inseln – wie auf vielen anderen Seychellen-Inseln auch – fehl am Platze sein. Deshalb der Tipp, sich rechtzeitig mit einem guten Buch zu versehen.

IDC fliegt die Insel fünfmal wöchentlich *(tgl. außer Di und Do)* von Mahé aus an (Flugzeit etwa 30 Minuten), außerdem im Charterbetrieb nach Bedarf. Flüge können aber nur in Verbindung mit der Unterkunft gebucht werden.

POIVRE [0]

Die Insel Poivre wird auch Gewürzinsel genannt, sie trägt den Namen des französischen Gouverneurs auf Mauritius, Pierre Poivre. Der wiederum ist in die Geschichte eingegangen, weil er als Erster Gewürzpflanzen auf den Seychellen eingeführt und angebaut hat. Dass die deutsche Übersetzung des Namens „Pfeffer" bedeutet, ist also nur ein (passender) Zufall. Poivre ist während des ganzen Jahres ein lohnendes Ausflugsziel, besonders reizvoll sind die angebotenen Kreuzfahrten mit Segelschiffen (Informationen hierzu erhält man bei den Reiseveranstaltern in Victoria auf Mahé).

> GROSSARTIGE AUSBLICKE ÜBER HERRLICHE STRÄNDE

Mit dem Auto auf der Hauptinsel Mahé unterwegs

Die Tour ist auf dem hinteren Umschlag und im Reiseatlas grün markiert

1 RUNDFAHRT DURCH DEN SÜDEN DER INSEL MAHÉ

Für eine Rundfahrt durch den landschaftlich reizvollen südlichen Teil der Insel Mahé sollten Sie einen Tag einplanen. Natürlich besteht auch die Gelegenheit für ein erfrischendes Bad an einem der vielen zauberhaften Strände, die es vor allem an der südlichen Inselspitze gibt. Da es selbst auf der seychellischen Hauptinsel nur wenige Tankstellen gibt, sollten Sie den Wagen vorher volltanken. Die gesamte Fahrstrecke beträgt etwa 60 km, die Tour beginnt und endet in Victoria. Karten erhalten Sie im Buchladen beim Uhrturm in Mahé oder im Hotel.

Starten Sie in Victoria nicht zu spät, und verlassen Sie die Stadt in Richtung Flughafen. Von dort aus geht es auf der Küstenstraße nach Süden bis zum Kunsthandwerkerdorf **Vilaz Artizanal** *(S. 46)*. Vor dem Restaurant *Vye Marmit (Tel. 376155 | €€€)*,

Bild: Hafenbucht von Victoria, Mahé

AUSFLÜGE & TOUREN

das wegen seiner guten kreolischen Küche gelobt wird, gruppieren sich kleine Häuschen, in denen Kunsthandwerker ihre Produkte verkaufen. In dem zentralen, im Kolonialstil errichteten Gebäude sollten Sie sich die drei im Originalzustand belassenen und mit alten Möbeln ausgestatteten Zimmer anschauen; der Eintritt ist frei. Rechts neben der Zufahrtsstraße befindet sich ein palmblattgedecktes Haus, das *Maison de Coco*, mit einer kleinen Ausstellung von Gerätschaften, die man zur Verarbeitung von Kokosnüssen benötigt.

Nur 2 km weiter sollten Sie das Hinweisschild mit der Aufschrift **La Marine** *(S. 45)* beachten. In einer Baracke rechts neben dem Hauptgebäude, bauen nämlich Inselbewohner nach alten Plänen die historischen Schiffsmodelle nach. Sie sind ein beliebtes, wenn auch kostspieliges Mitbringsel von den Seychellen.

Weiter geht die Fahrt zur **Anse Royale**, die hier entlang der Straße einen weiten Bogen schlägt. Kurz hinter dem kleinen Restaurant *Kaz Kreol (Tel. 37 16 80 | €€)* steht ein Wegweiser zum *Jardin du Roi (S. 45)*, einem botanischen Garten. Durch das Areal führen vier Rundgänge, einer davon durch einen der letzten Reste des tropischen Regenwalds auf Mahé. In einem Gehege finden Sie auch ein paar Riesenschildkröten. Allzu lange sollten Sie sich hier nicht aufhalten, die Autotour bietet noch einige Sehenswüdigkeiten.

Insider Tipp

Die Straße führt vorbei an der **Anse Royale** und noch ein Stück weiter entlang der Küste und wendet sich dann ins Inselinnere. Wenn Sie im kleinen Ort **Quatre Bornes** unmittelbar nach Ortsbeginn links um das Rondell herumfahren, gelangen Sie zu einer Straße, die sich nach wenigen Kilometern gabelt: in die *Intendance Road* und in die *Police Bay Road*.

Links geht es durch eine grandiose Landschaft mit mächtigen Bäumen hinunter zur **Police Bay** *(S. 46)*, einer der schönsten Buchten der Seychellen. Baden ist hier wegen der unberechenbaren Unterwasserströmungen allerdings genauso gefährlich wie an der **Anse Intendance** *(S. 45)*, die Sie über den rechten Abzweig erreichen. Hier finden Sie das kleine Restaurant *Jolie Rose (Tel. 36 60 60 | €€)*, in dem es fangfrische Meeresfrüchte gibt.

Insider Tipp

Der zweite Teil der Rundfahrt führt wieder zurück nach **Quatre Bornes** und von dort hinunter nach **Takamaka** und **Baie Lazare**. Neben der Polizeistation steht das kleine Bistro *Splash Café (Tel. 36 15 00)*, wo Sandra und Mark Benoiton neben Milchshakes und Snacks immer Tipps für aktive Seychellen-Besucher parat haben. Bevor Sie jetzt zur malerischen Anse à la Mouche, einem der herrlichsten Strände von Mahé, kommen, sollten Sie einen kurzen Stopp bei dem in al-

Boote und Gottes Hilfe: Alles, was man zum Fischfang braucht, gibt's in der Anse Royale

ler Welt bekannten Maler Michael Adams *(S. 48)* einlegen. Auf der Weiterfahrt, die jetzt schon wieder nach Norden führt, gelangen Sie nun zur *West Coast Road* und hier zur **Anse à la Mouche**. An dem gleich zu Beginn der Straße liegenden Strand ist das Baden wegen gefährlicher Strömungen verboten. Nur ein paar Hundert Meter weiter können Sie die Badesachen dann auspacken. Wenn Sie den Nachmittag hier beschließen wollen, besteht die Möglichkeit, kurz hinter der **Anse Louis** bei der Schule rechts abzubiegen und in Richtung Victoria zurückzufahren (Vorsicht: Der Wegweiser ist unscheinbar!). Dann versäumen Sie aber einen weiteren Höhepunkt dieser Rundfahrt. Die führt über die **Anse Boileau** und vorbei an der **Grand' Anse** mit dem schön gelegenen Hotel *Le Méridien Barbarons* zunächst nach **Port Glaud**. Wenige Kilometer hinter dem Ort wird die Straße immer enger, was bei Gegenverkehr zu einem Geduldsspiel werden kann. Sie führt aber durch eine faszinierende Landschaft, in der das Meer einmal direkt neben der Straße liegt und dann wieder tief unten nur durch dichten Wald hindurch zu sehen ist. Kurz bevor die Straße plötzlich endet, da der hier beginnende westliche Inselteil komplett unter Naturschutz gestellt wurde, finden Sie einen weiteren hübschen Strand, der den östlichen Rand des **Port-Launay-Meeresnationalparks** bildet.

Zurück in **Port Glaud** dürfen Sie jetzt den Abzweig nach links nicht verpassen. Als Orientierungspunkt dient der kleine Sportplatz. Nachdem Sie die letzten Häuser von Port Glaud hinter sich gelassen haben, windet sich die kurvenreiche Straße bergauf. Vorbei an einigen hübschen, manchmal versteckt liegenden Häusern führt sie durch eine fast urwüchsige Landschaft und erreicht beim **Morne Blanc**, dem dritthöchsten Berg von Mahé, ihre höchste Stelle. Dichte Teesträucher säumen die Straße, die Blätter werden in der einzigen Teefabrik der Seychellen verarbeitet. Wenn Sie zur Erntezeit (Aug./ Sept.) unterwegs sind, ist die Besichtigung der Teefabrik möglich *(Tel. 378221)*; sonst gibt es zumindest die Gelegenheit, an einem Kiosk oder im Restaurant der Teefabrik Tee zu kaufen. Insider Tipp

Nun geht es wieder bergab. Bis **Victoria** sind es nur noch wenige Kilometer. Vielleicht bemerken Sie links das Schild mit der Aufschrift *Historical Site – Mission Station*, dann sollten Sie dort eine letzte Pause einlegen. Vom Parkplatz führt ein Weg vorbei an den Ruinen einer durch Brandstiftung zerstörten Missionsstation der Jesuiten und weiter durch eine breite Allee mit Drachenblutbäumen zu einer ☼ Plattform. Von hier haben Sie eine grandiose Aussicht über ein Waldgebiet, das wegen seiner Ursprünglichkeit zum **Morne-Seychellois-Nationalpark** erklärt wurde.

Die letzte Etappe ist rasch zurückgelegt. Schon bald gelangen Sie, nachdem Sie das Tal mit dem schönen Namen **Val Riche** durchfahren haben, zu den ersten Häusern von **Sans Souci** *(S. 32)*, einem wohlhabenden Vorort von Victoria. Auf Sans Souci folgt **Bel Air** *(S. 32)* mit einigen nicht minder hübschen Häusern. Das Zentrum der Hauptstadt und damit das Ziel der Rundfahrt ist dann nach wenigen Kilometern schnell erreicht.

EIN TAG AUF MAHÉ

Action pur und einmalige Erlebnisse.
Gehen Sie auf Tour mit unserem Szene-Scout

JOGGEN AM STRAND

6:30

Raus aus den Federn, rein ins Geschehen! Beim Beachjogging am menschenleeren Strand tief durchatmen – und die Augen offen halten. In der Makrelensaison kann man den Fischern in der Beau Vallon Bay beim Einholen ihres Fangs zuschauen! **WO?** *Beau Vallon*

7:30

POWER-FRÜHSTÜCK

Immer dem frischen Kaffeeduft hinterher! Ganz in der Nähe des Strandes geht's nun zum Frühstück. Im Restaurant *Domaine du Soleil* warten Kaffee, frisch gepresste Fruchtsäfte und knusprige Croissants vom Büfett. Zugreifen! **WO?** *Beau Vallon | Tel. 28 55 55 | Kosten: 7–9 Euro/Person | www.seychelles.net/sun*

DER BERG RUFT

8:30

Jetzt geht's aufwärts! Mit Guide Basil Beaudouin von *Val Riche* den Berg Copolia besteigen. Auf dem Weg nach oben erklärt er die Pflanzenwelt und erzählt Wissenswertes über Land und Leute. Oben angekommen den Blick über die gesamte Ostküste schweifen lassen – atemberaubend! **WO?** *Start und Ende: Sans Souci | Anmeldung bei Basil Beaudouin unter Tel. 241790 | Kosten: ca. 30 Euro | Dauer: ca. 2 Stunden*

11:00

KUNSTGESPRÄCH

Ab ins Taxi und zurück nach Victoria. Kunst steht auf dem Programm! Die Werke einheimischer Künstler gibt's im Gebäude von *Carrefour des Arts*. Das Haus ist nicht nur Ausstellungsraum, sondern bietet auch Platz zum Künstlergespräch, denn viele Künstler sind vor Ort! Seychellen-Art pur! **WO?** *Carrefour des Arts, Victoria | Tel. 29 52 00 | So. geschl.*

24 h

LUNCH MITTENDRIN

12:00

Hunger? Dann rein ins Restaurant *Jolie Rose 2*. Kreolische Suppe und gegrillter Fisch sind hier die Spezialitäten. Das Restaurant liegt direkt am Marktplatz mit Aussicht auf das geschäftige Treiben der Locals. **WO?** *Selwyn Selwyn Clarke Market, Victoria | Tel. 22 54 51 | So. geschl.*

14:00

AUF TAUCHSTATION

Jetzt wird's feucht-fröhlich! Mit den *Ocean Dream Divers* die Tiefen des Meeres erkunden. Spannend wird es, wenn man sich einem gesunkenen Schiffswrack nähert. Mit Algen und Muscheln behaftet wirkt es wie aus einer anderen Welt. **WO?** *Mare Anglaise, Beau Vallon | Kosten: 48 Euro | Dauer: 2 Stunden | www.seychelles.net/odream*

BUNTE AUSSICHTEN

16:00

Nun heißt es Oberwasser gewinnen. Das Glasbodenboot *Sea Star* von *Mare Sports* im Ste. Anne Marine National Park wartet schon. Immer schön den Blick auf den Boden richten: Schließlich sieht man hier die wunderschönen bunten Meeresbewohner aus einer komplett anderen Perspektive! **WO?** *Abfahrt und Ankunft: Hafen von Victoria | Reservierung unter Tel. 37 68 14 | Kosten: 100 Euro*

19:30

STRANDRESTAURANT CHEZ BATISTA

Schuhe ausziehen! Mit den Füßen im warmen Sand bestellt es sich im *Chez Batista* entspannt! Mit Blick aufs Meer den Lobster, die Riesengarnelenspieße und den berühmten Batista-Dip probieren. **WO?** *Anse Takamaka, Mahé | www.chez-batista.com*

> AB INS GLASKLARE WASSER!

Vor allem Taucher und Schnorchler kommen in der Unterwasserwelt des Indischen Ozeans auf ihre Kosten

> Die Seychellen bieten mehr als nur den traditionellen Wassersport, den man landläufig mit einem solchen Urlaubsziel verbindet.

Dennoch sind die Freizeitangebote auf ein vernünftiges Maß beschränkt, damit die Umwelt und jene Gäste, die hier vor allem Ruhe suchen, nicht übermäßig strapaziert werden. Die meisten größeren Hotels bieten Sport- und Fitnesseinrichtungen wie Tennis oder Squash.

Bild: Schnorcheln vor Praslin

ANGELN & FISCHEN

Besonders das Hochseefischen zieht Petrijünger auf die Seychellen mit ihren reichen Fischgründen. An den Stränden der Hauptinseln haben sich zahlreiche Bootsverleiher etabliert, die halb- oder ganztägige Ausfahrten anbieten. Die Kosten liegen zwischen 300 Euro für einen Halbtagsausflug und 1000 Euro für einen Tagesausflug, je nach Bootstyp und Ausrüstung. Ein hervorragendes An-

SPORT & AKTIVITÄTEN

gelrevier ist die Gegend um Bird und Denis, wo der Meeresgrund um mehr als 1800 m steil abfällt. Bei Fliegenfischern sind außerdem die Inseln Alphonse, Desroches und North beliebt *(Info: www.seyfly.sc)*. Für das Küstenangeln sind am besten die Lagunen und Kliffe an der Südküste von Mahé geeignet. Einen Angelschein benötigen Sie nicht. Im April und Oktober finden auf den Seychellen Angelwettbewerbe statt.

BADEN & SCHWIMMEN

Längst nicht alle Strände der Seychellen sind zum Baden geeignet, doch warnen meist große, mehrsprachige Schilder deutlich vor gefährlichen Stellen mit unberechenbaren Unterströmungen. Eine weniger gefährliche Behinderung beim Schwimmen: Einige Strände sind zu bestimmten Jahreszeiten so flach, dass man den Boden nicht unter den Füßen verliert.

Gute Badestrände auf Mahé sind die beliebte *Beau Vallon Bay*, die *Anse à la Mouche* mit ihrem schützenden Korallenriff und die landschaftlich reizvolle *Anse Intendance*, an der allerdings zeitweise eine starke Brandung herrscht. Auf Praslin ist besonders die kilometerlange *Anse Volbert* von Mai bis September attraktiv. Die imposant aufgetürmten Granitfelsblöcke der *Anse la Source à Jean* bieten eine prächtige Kulisse fürs Badevergnügen. Ebenfalls attraktiv sind die Strände an der Ostküste von La Digue *(Grand' Anse, Petite Anse, Anse Cocos)*, die jedoch nicht von Riffen geschützt werden.

BOOTSCHARTER

Zum Angeln wie auch zum Tauchen lohnt es sich, ein Motorboot oder eine Segelyacht zu chartern. Wer längere Törns plant, sollte schon vor dem Urlaub reservieren. Sie werden von etlichen Veranstaltern, auch in Europa, vermittelt. Hauptanbieter sind *VPM* und *Sunsail*. Zentrale Anlaufstelle auf den Seychellen ist die *Marine Charter Association (P.O. Box 204 | Victoria, Mahé | Tel. 224679 | Fax 322126 | mca@seychelles.net)*. Seit 2004 gibt es auf Mahé auch eine Dependance des weltweit tätigen Yachtvermieters *Moorings (beim Wharf Hotel | www.moorings.com)*.

GOLF

Nachdem der kleine 9-Loch-Platz am *Reef Hotel (Anse aux Pins | Tel. 376252)* auf Mahé nicht mehr den Erwartungen anspruchsvoller Golfer entsprach, wurden die Seychellen erst durch die Eröffnung des 18-Loch-Platzes im Norden von Praslin (Anse Kerlan) ein attraktives Reiseziel für Golfer. Der Ausblick auf einige der attraktivsten Strände der Welt ist spektakulär. Zutritt erhalten auch Nichtgäste des Hotels über das *Lémuria Resort (Tel. 281281)*.

REITEN

Auf Mahé verleiht das *Utegangar Riding Center* Araberpferde für Ausritte entlang der Küste. *Beim Hotel Le Meridien Barbarons | Tel. 712355 (Voranmeldung sinnvoll)*

SURFEN

Für das Wellenreiten sind die Seychellen nur bedingt geeignet. Einige gute Surfstellen auf Mahé sind in der Jahresmitte *Anse aux Poules Bleues* und *Carana Beach* sowie zum Jahreswechsel *Grand' Anse* und *Soleil d'Or;* außerdem, je nach Wetterlage, *Anse Kerlan* auf Praslin und *Grand' Anse* auf La Digue.

TAUCHEN & SCHNORCHELN

Die Seychellen gelten als eines der schönsten Tauchreviere der Erde. Die beste Zeit sind die Monate des Monsunwechsels, April/Mai und Okt./Nov., wenn das Meer ruhig und klar ist. Tauchbasen gibt es bei fast allen großen Hotels. Ein Tauchgang kostet 35–40 Euro (ohne Ausrüstung), Ausrüstung kann ausgeliehen werden. Eine besondere Attraktion ist das Tauchen mit den riesigen, aber harmlosen Walhaien, die zwischen Oktober und April in den Gewässern zu finden sind. *Seychelles Underwater Centre | P.O. Box 384 | Tel. 34 54 45 | Fax 34 42 23 | www.diveseychelles.com*

Ideal zum Schnorcheln sind die Gewässer der Nationalparks Ste Anne und Port Launay vor Mahé; vor der Côte d'Or und der Anse Lazio auf Praslin sowie im Bereich der kleineren Inseln um Praslin (z.B. St. Pierre) und vor der Westküste von La Digue. Wer keine eigene Ausrüstung mitbringt, kann sie vor Ort kaufen oder ausleihen.

Schwieriges Gelände, unschlagbare Aussicht: Golfplatz des Lémuria Resorts auf Praslin

WANDERN

Mit einer Wanderung durch die abwechslungsreiche Landschaft kann man sich Tage vertreiben, an denen kein Badewetter herrscht, und die Inseln von einer anderen Seite kennenlernen. Im Kapitel Mahé sind einige der markierten Wanderwege beschrieben. Grundsätzlich kann man jede der Inseln „erwandern", denn es lauern nirgendwo gefährliche Tiere. Zum Wandern sollten Sie festes Schuhwerk mitbringen. Allerdings ist damit zu rechnen, dass selbst ausgewiesene Wanderwege teilweise überwuchert sind. Immerhin, so ein Versprechen der Behörden, sollen die wichtigsten Wege auf Mahé künftig verstärkt gepflegt werden.

WASSERSPORT

Wassersportzentren sind die Bucht von *Beau Vallon* auf Mahé und die *Côte d'Or* auf Praslin. Auch die meisten der entlegeneren Inseln mit Unterkünften verfügen über eigene Wassersportzentren. Zum Angebot gehören Jetski, Wasserski, Parasailing (Gleitschirmsegeln am Boot).

> KINDER WILLKOMMEN!

Ein endloser Sandkasten, Tiere zum Streicheln, Tee- und Kokosnussernte – hier gilt: Naturpark statt Vergnügungspark

> Die Seychellen sind nicht nur ein Urlaubs-, sondern auch ein Kinderparadies. Dies rührt zum einen daher, dass sie eines der wenigen Länder in den Tropen sind, für das keine zusätzlichen Schutzimpfungen notwendig sind – die ja oft mit Risiken und zumindest mit Unannehmlichkeiten verbunden sind – und in dem es praktisch keine gefährlichen Tiere und Pflanzen gibt.

Zudem bringt der geringe Zeitunterschied Kleinkinder nicht aus ihrem gewohnten Schlafrhythmus. Und dann sind die Seychellen nicht nur ein kinderreiches, sondern auch ein kinderfreundliches Land. Gerade wenn man mit dem Nachwuchs auf den Seychellen unterwegs ist, kann es häufiger vorkommen, dass man von Einheimischen angesprochen wird. Meist sprechen die Einheimischen auch die Kinder direkt an. Besonders ältere Menschen tätscheln ihnen gerne den Kopf. All dies ist nur

Bild: Anse Louis, Mahé

MIT KINDERN REISEN

ein Ausdruck der positiven Einstellung, die man hier den Kleinen gegenüber hat. Es wird nie vorkommen, dass Ihnen ein Einheimischer einen strafenden Blick zuwirft, nur weil sich Ihr Kind eben wie ein Kind benimmt, also ausgelassen spielt oder lärmt. Wenn sich jemand dadurch merklich gestört fühlt, ist es mit größter Wahrscheinlichkeit ein Mittourist aus dem fernen Europa … Die einzige Gefahr droht Kindern (wie natürlich auch den Erwachsenen) von der steil am Himmel stehenden Äquatorsonne. Bei diesem Einfallswinkel bietet auch die üppige Vegetation kaum Schatten an den Stränden. Wenn man hier die nötige Vorsorge getroffen hat (unbedingt eine Kopfbedeckung und das T-Shirt auch beim Baden anlassen!), werden die endlosen Sandstrände jedoch zum ungetrübten Vergnügen für den Nachwuchs, zum natürlichen Sandkasten. Der helle Sand ist extrem feinkörnig und überwiegend sehr sauber. An vielen Stellen sind die Strände außerdem so flach, dass Kinder leicht ins Meer gelangen können. Dabei sollte man aber unbedingt die Wellen beobachten und eventuelle Warnhinweise sehr ernst nehmen.

Die Seychellois haben zugleich indische, afrikanische und europäische Vorfahren

Besonders empfehlenswert für kleine Gäste sind die bekannten Badestrände an der Südwestseite von La Digue (La Source à Jean) oder auch die Anse Volbert (Côte d'Or) auf Praslin zur ruhigen Jahreszeit (d.h. etwa zur Jahresmitte). Hier findet man auch eine Anzahl kinderfreundlicher Hotels (zum Beispiel das *Paradise Sun* oder das *Acajou*) sowie familiengeeigneter Gästehäuser (zum Beispiel das *Le Duc de Praslin*).

UNTERKUNFT

Bei der Wahl der Unterkunft ist zu beachten, dass einige Hotels auf Grund ihrer exponierten Lage (zum Beispiel das *Sunset Beach Hotel* auf Mahé, das auf einer Klippe liegt) für einen Urlaub mit Kindern einfach nicht geeignet sind. Solche Hotels schreiben deshalb auch ein Mindestalter für ihre Gäste vor. Auf der anderen Seite bieten einige große Hotels spezielle Unterhaltungsprogramme und -einrichtungen für ihre kleinsten Gäste sowie einen Babysitterservice für Fälle, in denen die Eltern einmal nicht gestört werden möchten oder die Kinder nicht mitnehmen können – etwa zu einem Tauchgang, zum Golfen oder zum Surfen. Andererseits mag es für Familien auch reizvoll sein, in einer kleinen Pension zu wohnen, in der man engeren Kontakt zu einer einheimischen Familie und unter Umständen eben auch zu deren Kindern hat.

Einige Hotels (wie das *Coral Strand Hotel* auf Mahé) bieten spezielle Familiensuiten an. Ein Kinderbett für Kleinkinder, die im Zimmer der Eltern übernachten, können die meisten Hotels zur Verfügung stellen. In vielen, aber längst nicht in allen Hotels findet auch ein Extrabett für ein älteres Kind Platz im Elternzimmer. Wenn die Kinder ein eigenes Zimmer benötigen, findet man in den großen Hotels fast immer Nachbarzimmer mit Verbindungstür. Auf solche Angebote weisen aber auch die Reiseveranstalter in den Katalogen hin. Wer nicht pauschal bucht, sollte unbedingt vorab die Unterbringungsmöglichkeiten für die Kinder, die evtl. anfallenden Zusatzkosten und die Berechnung der Mahlzeiten mit dem Hotel klären.

SPIELPLATZ

Auf den Seychellen findet man keine Freizeitparks oder dergleichen, doch Kleinkinder werden ihren Spaß auf dem liebevoll eingerichteten Spielplatz am Rande der Hauptstadt Victoria haben, der zwischen der 5th June Avenue und dem Yachthafen liegt. Die meisten Spielgeräte hat ein deutscher Sponsor gestiftet, und sie sind überwiegend noch in gutem Zustand, wenngleich hier und da der Lack abblättert. Einige Spielgeräte funktionieren nur mit Chips, die man für ein paar Rupien bei der Spielplatzaufsicht erstehen kann. Hier finden kleine Urlauber auch leicht einheimische Spielkameraden. Die Verständigung ist selten ein Problem.

NATUR ERLEBEN

Einen Zoo haben die Seychellen nicht zu bieten, dafür aber unzählige Tiere in freier Natur, die man sonst selten aus solch unmittelbarer Nähe zu sehen bekommt. Auf Mahé lohnt es sich, mit Kindern den *Botanischen Garten* *(S. 32)* zu besuchen. Älteren Kindern kann man auch auf einem Spaziergang durch den *Jardin du Roi* Insider Tipp *(S. 45)* zeigen und erklären, woher die Gewürze stammen, die die meisten (auch Erwachsene) nur in der verarbeiteten Form aus der Küche kennen. Gleiches gilt für die *Teefabrik* *(S. 39)* auf Mahé, wo man Anbau, Ernte und Verarbeitung von Tee miterleben kann, sowie für *L'Union Estate* *(S. 57)* auf La Digue, wo die Verarbeitung der Kokosnuss im Mittelpunkt steht. Das ist Sachkunde aus erster Hand – lehrreich und bei weitem nicht so trocken wie im Schulunterricht.

Wer auf Praslin wohnt, sollte unbedingt die Tagestour per Schiff mit Ausflügen nach Cousin und Curieuse, den beiden Nachbarinseln, buchen. Die kurzen Wegstrecken, die auf den Inseln zurückzulegen sind, dürften auch für die meisten Kinder locker zu bewältigen sein. Begegnungen mit Riesenschildkröten Insider Tipp und allerlei exotischen Vögeln sind dabei garantiert. Die Schildkröten haben auch nichts dagegen, wenn man sie berührt oder streichelt.

Auch wenn für die Teilnahme an Tauchkursen ein Mindestalter von 12 Jahren vorgeschrieben ist, muss jüngeren Kindern das Erleben der vielfältigen Unterwasserwelt nicht verwehrt bleiben. Veranstalter auf Mahé und anderen Inseln bieten Fahrten mit Glasbodenbooten, zum Beispiel in den Ste-Anne-Meeresnationalpark, an. Gefahrlos und ohne nasse Füße zu bekommen, kann man dabei bunte Korallen, exotische Fische und andere ungewöhnliche Meeresbewohner aus allernächster Nähe beobachten.

> VON ANREISE BIS ZOLL

Urlaub von Anfang bis Ende: die wichtigsten Adressen und Informationen für Ihre Seychellen-Reise

ANREISE

Von Deutschland aus fliegt zzt. nur die *Condor (www.condor.de)* einmal wöchentlich ab Frankfurt/M. nonstop auf die Seychellen. Die nationale Fluggesellschaft *Air Seychelles (Landsberger Str. 155 | 80687 München | Tel. 089/55 25 33 18 | Fax 54 50 68 55 | reshmger@aviareps.com | www.airseychelles.com)* bietet täglich einen Flug von Paris. Von Deutschland und Österreich gibt es Zubringerflüge, einige Air-Seychelles-Flüge finden ab Frankfurt/M. gemeinsam mit *Condor* statt und werden dann zum Nonstopflug. Auch *Air France* bietet mehrmals wöchentlich einen Nonstopflug von Paris nach Mahé, oft auch als Codesharing mit *Air Seychelles (www.airfrance.de)*. Ein Nonstopflug aus Mitteleuropa dauert etwa 9,5 Stunden. Der Direktflug von Deutschland kostet je nach Saison 600–1000 Euro, Pauschalangebote für zwei Wochen 1500–2500 Euro, je nach Art der Unterkunft.

Der Seychelles International Airport auf Mahé, wo alle Verkehrsmaschinen aus dem Ausland landen, liegt in der Inselmitte an der Ostküste. Fast jeder Ort auf Mahé ist von hier aus innerhalb einer Stunde per Taxi zu erreichen. Beachten Sie bei Weiterflügen auf andere Seycheleninseln die Gewichtsbeschränkungen beim Gepäck (10–15 kg), die allerdings je nach Auslastung der Maschinen auch großzügiger gehandhabt werden.

AUSKUNFT

SEYCHELLES TOURIST OFFICE

Für Deutschland, Österreich und die Schweiz: Hochstr. 17 | 60313 Frankfurt/M. | Tel. 069/29720789 | Fax 29720792 | www.seychelles-travel.de

Vor Ort:

– *Mahé | Bel Ombre | P.O. Box 1262 | Victoria | Tel. 671300 | Fax 620620 | www.seychelles.travel.de*

– *Infobüro in der Innenstadt: Independence House | Independence Avenue | Tel. 6108 00 | Fax 610801*

– *Praslin | Îles des Palmes Airport | Grand Anse | Tel. 233346 | Fax 233571 | praslin@seychelles.sc*

– *La Digue | La Passe | Tel./Fax 234393 | stbladigue@seychelles.sc*

BANKEN & GELDWECHSEL

Die Ein- und Ausfuhr von Landeswährung ist auf SR 100 begrenzt. Devisen dürfen unbegrenzt ein-, jedoch nur bis zur Höhe des auf dem Zollformular deklarierten Betrags ausgeführt werden. Geldwechseln ist nur bei autorisierten Stellen erlaubt. In der Hauptstadt Victoria gibt es mehrere Banken (*Mo–Fr meist 8–12 Uhr*). Am Flughafen gibt es Wechselschalter, die immer geöffnet sind, wenn Flugzeuge starten oder landen. Man kann auch an den Hotelrezeptionen wechseln, dort ist der Kurs aber erheblich schlechter. Der Rücktausch von seychellischer Währung in Devisen kann nur gegen Vorlage der Quittung der Bank erfolgen, bei der man zuvor getauscht hat. Die Quittung deshalb aufbewahren!

Bargeld, Reiseschecks in Euro oder US-Dollar werden in Hotels und bei Veranstaltern akzeptiert. Rechnungen in Hotelrestaurants und für touristische Dienstleistungen müssen in Devisen beglichen werden. Bargeld in Landeswährung benötigt man nur für kleine Einkäufe und Taxifahrten. Dort dürfen keine Devisen entgegengenommen werden. Alle namhaften Kreditkarten kann man zum Bezahlen von Hotel-, Restaurant- und Mietwagenrechnungen und zum Geldabheben benutzen.

WÄHRUNGSRECHNER

€	SR	SR	€
1	12,50	10	0,80
2	25,00	20	1,60
3	37,50	25	2,00
4	50,00	30	2,40
5	62,50	40	3,20
7	87,50	50	4,00
8	100,00	70	5,60
9	112,50	80	6,20
10	125,00	90	7,20

DIPLOMATISCHE VERTRETUNGEN

Deutschland unterhält auf den Seychellen nur ein Honorarkonsulat

(Mahé | Victoria | Roche Camain | Tel. 60 11 00 | Fax 60 11 02 | projects @nature.se). Die nächste Botschaft befindet sich in Nairobi (Kenia). Österreicher finden ihr Konsulat *(Mahé | Machabée)* unter *Tel. 24 15 15*, Schweizer das ihre *(Mahé, Santa Maria Estate | Anse a la Mouche)* unter *Tel. 37 10 50*.

EIN- & AUSREISE

Zur Einreise benötigt man einen Reisepass, der noch mindestens sechs Monate gültig sein muss, ein gültiges Rück- oder Weiterreiseticket und ausreichende Mittel für einen Aufenthalt. Von Pauschalreisenden werden diese Nachweise nicht verlangt. Bei der Einreise wird eine Besuchserlaubnis erteilt, die zunächst für einen Monat gilt und innerhalb dieser Zeit bei der *Immigration Division (Mahé | Independence House | Tel. 61 11 00)* um bis zu neun Monate verlängert werden kann. Kinder benötigen einen Kinderreisepass, es sei denn, sie sind im Reisepass der Eltern eingetragen. Daneben werden auch die alten Kinderausweise akzeptiert. Die früher erhobene Passagierservicegebühr gibt es nicht mehr, sie ist jetzt im Flugpreis enthalten.

FKK

Es gibt keine ausgewiesenen FKK-Strände. Oben-ohne-Baden wird jedoch im Allgemeinen toleriert.

GESUNDHEIT

Wenn Sie aus Europa kommen, sind keine Impfungen vorgeschrieben. Reisen Sie aber über Zentralafrika ein, wird eine Bescheinigung über Gelbfieberimmunisierung verlangt. Vorsicht ist in den ersten Tagen angeraten: Die Sonnenstrahlung ist auch bei bedecktem Himmel intensiv und sorgt für üble Verbrennungen. Nützlich ist ein Mittel gegen Insekten. Eine kleine Reiseapotheke sollte ebenfalls ins Gepäck.

Auf Mahé, La Digue, Praslin und Silhouette gibt es gut ausgerüstete Hospitäler. Im Krankenhaus auf Mahé *(Mont Fleuri | Tel. 38 80 00)* sind auch komplizierte Behandlungen möglich, außerdem gibt es einen 24-Stunden-Notdienst. Für alle Inseln gilt der *Notruf 999*. Arzt- und Krankenhausrechnungen sind bar zu bezahlen. Apotheken gibt es auf allen bewohnten Inseln.

INTERNET

Die verlässlichsten Informationen erhält man zzt. auf der deutschsprachigen Website des Seychelles Tourist Office: *www.seychelles-travel.de*. *www.seychellen-inside.de*: gut gepflegte private Homepage mit vielen Infos sowie einem Blog über die Seychellen. *www.seychellen.org*: private Homepage mit Infos zu Unterkünften und Ausflugstipps.

INTERNETCAFÉS & WLAN

Auf den Seychellen konkurrieren zwei Internetanbieter *(Atlas/Kokonet)*, die je ein Internetcafé in Victoria betreiben (ca. 2 Euro/15 Min.):

– *Atlas Internet Café | Maison Suleiman | Tel. 22 62 10 | bureau@seychelles.net*

– *Kokonet Café | Pirates Arms Building | Independence Avenue | Tel. 32 20 00 | kokonet@seychelles.sc*

Weitere Internetcafés gibt es auf Praslin und La Digue. Die Hotels gehobenen Standards bieten ihren Gästen mittlerweile entweder PCs mit Internetanschluss oder WLAN-Hotspots (hier WiFi genannt) mit Einwahlmöglichkeit im Zimmer bzw. in Gemeinschaftsräumen (Rezeption, Bar). Allerdings ist mit Einschränkungen bei der Geschwindigkeit zu rechnen. Breitband-DSL gibt es z.B. auf den Seychellen noch nicht.

KLEIDUNG

Das ganze Jahr über reicht sommerlich leichte Kleidung, die luftdurchlässig und leicht waschbar sein sollte (Baumwolle). Wichtig sind Badeschuhe, vor allem wegen scharfer Korallen. Hotels und Restaurants gehobener Kategorie erwarten, dass ihre Gäste nicht in Shorts und T-Shirt zum Dinner antreten.

KLIMA & REISEZEIT

Die Höchsttemperaturen des Tages liegen das ganze Jahr über bei 24–33 Grad. Empfehlenswert sind Mai bis Oktober, dann kann es auch mal ein paar bedeckte Tage geben. Die meisten Niederschläge fallen im Dezember und Januar, am trockensten sind die Monate Juni, Juli und August.

MIETWAGEN

Gegen Vorlage des nationalen Führerscheins können Sie (Mindestalter 21 Jahre) auf Mahé und Praslin Autos mieten (Linksverkehr!). Das Fahrzeug wird ins Hotel gebracht, Vermieter gibt es aber auch schon am Flughafen. Da es selbst auf Mahé nur wenige Tankstellen gibt, sollte die Route sorgfältig geplant werden. Für einen Mietwagen müssen Sie mit ca. 65 Euro/Tag rechnen, Benzin extra.

Auf Mahé ist das Straßennetz gut ausgebaut, es fehlt aber oft die Leitplanke. Höchstgeschwindigkeit innerorts 40 km/h, außerhalb 65 km/h.

NOTRUF

Polizei, Feuerwehr, Arzt und Krankentransport: *Tel. 999*
Deutsche Rettungsflugwacht (in Stuttgart): *Tel. 0711/70 10 70*
DRK-Flugdienst (in Bonn): *Tel. 0228/23 00 23*

WAS KOSTET WIE VIEL?

LIMONADE	40 CENT	eine Flasche im Laden
BIER	2,50 EURO	eine Flasche einheimisches Bier im Laden
WEIN	25 EURO	eine Flasche im Restaurant
MIETWAGEN	AB 65 EURO	pro Tag
PIZZA	5,50 EURO	im Pirates Arms in Victoria
TAGES-AUSFLUG	AB 100 EURO	auf eine Nachbarinsel inkl. Transfer und Essen

ÖFFENTLICHE VERKEHRSMITTEL

Von Victoria aus fahren *Busse* in fast alle Teile der Hauptinsel Mahé, die zentrale Busstation befindet sich in der Palm Street gegenüber dem Unity House. Busse gibt es auch noch auf der Insel Praslin; sie verkehren täglich 6–17 Uhr.

Taxis gibt es nur auf Mahé und Praslin, die Preise haben europäisches Niveau. Die Fahrer sprechen meist genug Englisch, um das Fahrziel zu verstehen. Achten Sie darauf, dass das Taxameter eingeschaltet ist.

Vom Inter Island Quay auf Mahé verkehren täglich mehrmals *Fähren* nach Praslin und weiter nach La Digue. Buchung der Fähre von Praslin nach La Digue über *Inter Island Ferry Service (Tel. 232329 | Fax 232374)*. Die Katamaran-Schnellfähre „Cat Cocos" verkehrt bis zu dreimal täglich zwischen Mahé und Praslin *(45 Min.)* und startet von einem neuen Terminal auf der Mahé vorgelagerten Insel Eden Island, die mit dem Festland durch eine Brücke verbunden ist. Buchungen über die Hotelrezeption oder *Tel. 324843* oder *www.catcocos.com*. Ein Erlebnis für Romantiker ist die Überfahrt von Mahé nach La Digue mit dem Schoner „La Belle Seraphina" *(Tel. 511345)*.

Die Air Seychelles unterhält *Flugverbindungen* zwischen Mahé und anderen Inseln. Es empfiehlt sich, rechtzeitig zu reservieren, da die Kapazitäten vor allem in der Hauptsaison rasch erschöpft sind. Die kleinen Flugzeuge sind nicht für den Transport großen Gepäcks geeignet, weshalb es meist eine Grenze von 10 kg gibt. *Air Seychelles | Victoria | Tel. 381000 | Platzreservierung: Tel. 225933; Flughafen Mahé: Tel. 373001 (Auslandsflüge) | Tel. 373101 (Inlandsflüge).*

POST

Das Hauptpostamt befindet sich in Victoria in der Independence Avenue, gegenüber dem Clock Tower *(Mo–Fr 8–16, Sa 8–12 Uhr)*. Auf Praslin gibt es Postämter in Baie Ste.

WETTER AUF DEN SEYCHELLEN

	Jan.	Feb.	März	April	Mai	Juni	Juli	Aug.	Sept.	Okt.	Nov.	Dez.
Tagestemperaturen in °C	28	29	29	30	29	28	27	27	28	28	29	28
Nachttemperaturen in °C	24	25	25	25	25	25	24	24	24	24	24	24
Sonnenschein Std./Tag	6	6	7	8	8	7	7	7	7	7	7	7
Niederschlag Tage/Monat	15	10	11	10	9	9	8	7	8	9	12	15
Wassertemperaturen in °C	27	28	28	29	28	27	26	26	26	26	27	27

Anne und Grand Anse Village *(Mo bis Fr 8–12, 14–16, Sa 8–12 Uhr).*

Briefkästen findet man selbst in kleineren Ortschaften, natürlich kann man seine Post auch im Hotel abgeben. Luftpostbriefe bzw. -karten nach Europa dauern etwa 5 Tage, ein Luftpostbrief (10 g, je weitere 10 g SR 2) nach Europa kostet zzt. 3,50 SR, eine Postkarte per Luftpost 3 SR.

PREISE & WÄHRUNG

Die seychellische Währung heißt Rupie (Seychelles Rupee, abgekürzt SR). 1 Rupie sind 100 Cents. Banknoten gibt es zu 10, 20, 25, 50 und 100, Münzen zu 1 und 5 Rupien sowie zu 1, 5, 10 und 25 Cents.

Restaurant-, Benzin- und Taxipreise haben europäisches Niveau. Günstig sind Busfahren, teuer Alkohol, Tabakwaren und Luxusgüter. Wo im Band Eintrittspreise in Euro angegeben wurden, bedeutet dies, dass der Eintritt dort auch in Fremdwährung (zumeist in Euro oder US $) bezahlt werden muss und Seychellen-Rupien (SR) nicht akzeptiert werden.

STROM

Die Stromspannung beträgt 240 Volt bei 50 Hertz. Für die britischen Steckdosen sind Adapter notwendig, die man an der Hotelrezeption oder in Geschäften in Victoria erhält.

TELEFON & HANDY

Via Satellit sind die Seychellen mit nahezu allen Ländern der Erde verbunden, in den Hotels und von öffentlichen Fernsprechern kann man direkt telefonieren. Gespräche vom Hotel sind teuer, billiger geht's von öffentlichen Kartentelefonen. Telefonkarten erhalten Sie auf der Hauptpost, in vielen Läden auf Mahé oder bei den Telefongesellschaften Aritel und Cable & Wireless Ltd. Für Münzfernsprecher brauchen Sie 1- und 5-Rupien-Münzen.

Vorwahlnummern: *Seychellen: 00248 | Deutschland: 0049 | Österreich: 0043 | Schweiz: 0041.* Auf den Seychellen gibt es keine Vorwahlen für die einzelnen Inseln bzw. Orte.

Handybesitzer können auf den Seychellen mobil telefonieren. Preiswerter ist eine Prepaid-Karte; Startpaket ca. 40 Euro inkl. Gesprächsguthaben. Man ist aber nur unter einer Seychellen-Rufnummer erreichbar und nicht unter der eigenen.

ZEIT

Der Unterschied zur MEZ beträgt plus 3, im Sommer plus 2 Stunden.

ZOLL

Eingeführt werden dürfen 400 Zigaretten, 2 l alkoholische Getränke sowie Artikel bis zu einem Wert von SR 3000 von Personen über 18 Jahre. Die Einfuhr von Waffen (auch Harpunen) und Munition ist genauso verboten wie die von Samen, Pflanzen, Fleisch, Obst, Gemüse und Tee.

Nicht ausgeführt werden dürfen Schildkrötenpanzer, Korallen usw. Für die Ausfuhr von Seychellennüssen *(Coco de Mer)* ist eine schriftliche Erlaubnis notwendig, die man beim autorisierten Verkäufer erhält.

Bei der Wiedereinreise in die EU-Staaten dürfen Souvenirs im Wert von bis zu 175 Euro sowie u.a. 200 Zigaretten und 1 l Spirituosen zollfrei eingeführt werden. Für die Schweiz gelten andere Bestimmungen.

> DO YOU SPEAK ENGLISH?

„Sprichst du Englisch?" Dieser Sprachführer hilft Ihnen, die wichtigsten Wörter und Sätze auf Englisch zu sagen

Aussprache

Zur Erleichterung der Aussprache sind alle englischen Wörter mit einer einfachen Aussprache (in eckigen Klammern) versehen. Folgende Zeichen sind Sonderzeichen:

- ə nur angedeutetes „e" wie in bitte
- θ [s] gesprochen mit der Zungenspitze zwischen den Zähnen
- ' die nachfolgende Silbe wird betont. Bei einer Hauptbetonung steht das Zeichen oben vor der Silbe, bei einer Nebenbetonung unten.

AUF EINEN BLICK

Ja./Nein.	Yes. [jäs]/No. [nəu]
Bitte.	Please. [plihs]
Danke.	Thank you. ['θänkju]
Vielen Dank!	Thank you very much. ['θänkju 'wäri 'matsch]
Gern geschehen.	You're welcome. [joh 'wälkəm]
Entschuldigung!	I'm sorry! [aim 'sori]
Wie bitte?	Pardon? ['pahdn]
Ich verstehe Sie/dich nicht.	I don't understand. [ai dəunt andə'ständ]
Ich spreche nur wenig …	I only speak a bit of … [ai 'əunli spihk ə'bit əw …]
Können Sie mir bitte helfen?	Can you help me, please? ['kən ju 'hälp mi plihs]
Ich möchte …	I'd like … [aid'laik]
Das gefällt mir (nicht).	I (don't) like it. [ai (dəunt) laik‿it]
Haben Sie …?	Have you got …? ['həw ju got]
Wie viel kostet es?	How much is it? ['hau'matsch is it]
Wie viel Uhr ist es?	What time is it? [wot 'taim is it]

KENNENLERNEN

Guten Morgen!	Good morning! [gud 'mohning]
Guten Tag!	Good afternoon! [gud ahftə'nuhn]
Guten Abend!	Good evening! [gud 'ihwning]
Mein Name ist …	My name is … [mai näims …]
Wie ist Ihr/dein Name?	What's your name? [wots joh 'näim]
Wie geht es Ihnen/dir?	How are you? [hau 'ah ju]
Danke. Und Ihnen/dir?	Fine thanks. And you? ['fain θänks, ənd 'ju]

SPRACHFÜHRER ENGLISCH

Auf Wiedersehen!	Goodbye!/Bye-bye! [gud'bai/bai'bai]
Tschüss!	See you!/Bye! [sih ju/bai]
Bis morgen!	See you tomorrow! [sih ju tə'mərəu]

UNTERWEGS

AUSKUNFT

links/rechts	left [läft]/right [rait]
geradeaus	straight on [sträit 'on]
nah/weit	near [niə]/far [fah]
Bitte, wo ist ...?	Excuse me, where's ..., please? [iks'kjuhs 'mih 'weəs ... plihs]
Flughafen/Hafen	airport ['eəpoht]/port [poht]
Anlegestelle	jetty [tschetti]
Wie weit ist das?	How far is it? ['hau 'fahr_is_it]
Ich möchte ... mieten.	I'd like to hire ... [aid'laik tə 'haiə]
... ein Auto .../... ein Fahrrad ...	... a car. [ə 'kah]/...a bike. [ə 'baik]

PANNE

Ich habe eine Panne.	My car's broken down. [mai 'kahs 'brəukn 'daun]
Würden Sie mir bitte einen Abschleppwagen schicken?	Would you send a breakdown truck, please? ['wud ju sänd ə bräikdaun trak plihs]
Gibt es hier in der Nähe eine Werkstatt?	Is there a garage nearby? ['is θeə_ə 'gärahdsch 'niərbai]

TANKSTELLE

Wo ist die nächste Tankstelle?	Where's the nearest petrol station? ['weəs θə 'niərist 'pätrəlstäischn]
Ich möchte ... Liter ...	... litres of ... ['lihtəs əw]
... Normalbenzin.	... regular, [regulər]
... Super.	... premium, [premium]
... Diesel.	... diesel, ['dihsl]
... bleifrei/verbleit.	... unleaded/leaded, please. [an'lädid/'lädid plihs]
Volltanken, bitte.	Fill her up, please. ['filərap plihs]

UNFALL

Hilfe!	Help! [hälp]
Achtung!	Attention! [ə'tänschn]

Vorsicht!	Look out! ['luk 'aut]
Rufen Sie bitte …	Please call … ['plihs 'kohl]
… einen Krankenwagen.	… an ambulance. [ən 'ämbjuləns]
… die Polizei.	… the police. [θə pə'lihs]
Es war meine Schuld.	It was my fault. [it wəs 'mai 'fohlt]
Es war Ihre Schuld.	It was your fault. [it wəs 'joh 'fohlt]
Geben Sie mir bitte Ihren Namen und Ihre Anschrift.	Please give me your name and address! [plihs giw mi joh 'näim ənd ə'dräs]

ESSEN/UNTERHALTUNG

Wo gibt es hier …	Is there … here? ['is θeər … 'hiə]
… ein typisches Restaurant?	… a restaurant with local specialities … [ə 'rästərohng wiθ 'ləukl ˌspäschi'älitis]
Reservieren Sie uns bitte für heute Abend einen Tisch für vier Personen.	Would you reserve us a table for four for this evening, please? ['wud ju ri'söhw əs ə 'täibl fə foh fə θis 'ihwning plihs]
Die Speisekarte, bitte.	Could I have the menu, please. ['kud ai häw θə 'mänjuh plihs]
Ich nehme …	I'll have … [ail häw]
Bitte ein Glas …	A glass of …, please [ə 'glahs_əw … plihs]
Auf Ihr Wohl!	Cheers! [tschiəs]
Bezahlen, bitte.	Could I have the bill, please? ['kud ai häw θə 'bil plihs]
Wo sind bitte die Toiletten?	Where are the toilets, please? ['weərə θə 'toilits plihs]

EINKAUFEN

Wo finde ich …?	Where can I find …? ['weə 'kən_ai 'faind]
Apotheke	pharmacy [farmasi]
Bäckerei	bakery [bäikəri]
Lebensmittelgeschäft	grocery store [groseri stoh]
Markt	market ['mahkit]

ÜBERNACHTUNG

Können Sie mir bitte … empfehlen?	Can you recommend …, please? [kən ju ˌräkə'mänd … plihs]
… ein Hotel …	… a hotel … [ə həu'täl]
… eine Pension …	… a guest-house … [ə 'gästhaus]
Ich habe bei Ihnen ein Zimmer reserviert.	I've reserved a room. [aiw ri'söhwd_ə 'ruhm]

Haben Sie noch …	Have you got … [həw ju got]
… ein Einzelzimmer?	… a single room? [ə 'singl ruhm]
… ein Doppelzimmer?	… a double room? [ə 'dabl ruhm]
… mit Dusche/Bad?	… with a shower/bath? [wiθ ə 'schauə/'bahθ]
… für eine Nacht?	… for one night? [fə wan 'nait]
… für eine Woche?	… for a week? [fə ə 'wihk]
Was kostet das Zimmer mit …	How much is the room with … ['hau 'matsch is θə ruhm wiθ]
… Frühstück?	… breakfast? ['bräkfəst]
… Halbpension?	… half board? ['hahf'bohd]
… Vollpension?	… full board? ['ful'bohd]

PRAKTISCHE INFORMATIONEN

ARZT

Können Sie mir einen guten Arzt empfehlen?	Can you recommend a good doctor? [kən ju ,räkə'mänd ə gud 'doktə]
Ich habe hier Schmerzen.	I've got pain here. [aiw got päin 'hiə]

POST

Was kostet …	How much is … ['hau 'matsch is]
… ein Brief …	… a letter … [ə 'lätə]
… eine Postkarte …	… a postcard … [ə pəustkahd]
… nach Deutschland?	… to Germany? [tə 'dschöhməni]

ZAHLEN

0	zero, nought [siərəu, noht]
1	one [wan]
2	two [tuh]
3	three [θrih]
4	four [foh]
5	five [faiw]
6	six [siks]
7	seven ['säwn]
8	eight [äit]
9	nine [nain]
10	ten [tän]
11	eleven [i'läwn]
12	twelve [twälw]
13	thirteen [θöh'tihn]
14	fourteen [,foh'tihn]
15	fifteen [,fif'tihn]
16	sixteen [,siks'tihn]
17	seventeen [,säwn'tihn]
18	eighteen [,äi'tihn]
19	nineteen [,nain'tihn]
20	twenty ['twänti]
21	twenty-one [,twänti'wan]
30	thirty ['θöhti]
40	forty ['fohti]
50	fifty ['fifti]
60	sixty ['siksti]
70	seventy ['säwnti]
80	eighty ['äiti]
90	ninety ['nainti]
100	a (one) hundred ['ə (wan) 'handrəd]
1000	a (one) thousand ['ə (wan) 'θausənd]
10000	ten thousand ['tän 'θausənd]
1/2	a half [ə 'hahf]
1/4	a (one) quarter ['ə (wan) 'kwohtə]

Strand auf Alphonse

> UNTERWEGS AUF DEN SEYCHELLEN

Die Seiteneinteilung für den Reiseatlas finden Sie auf dem hinteren Umschlag dieses Reiseführers

REISE ATLAS

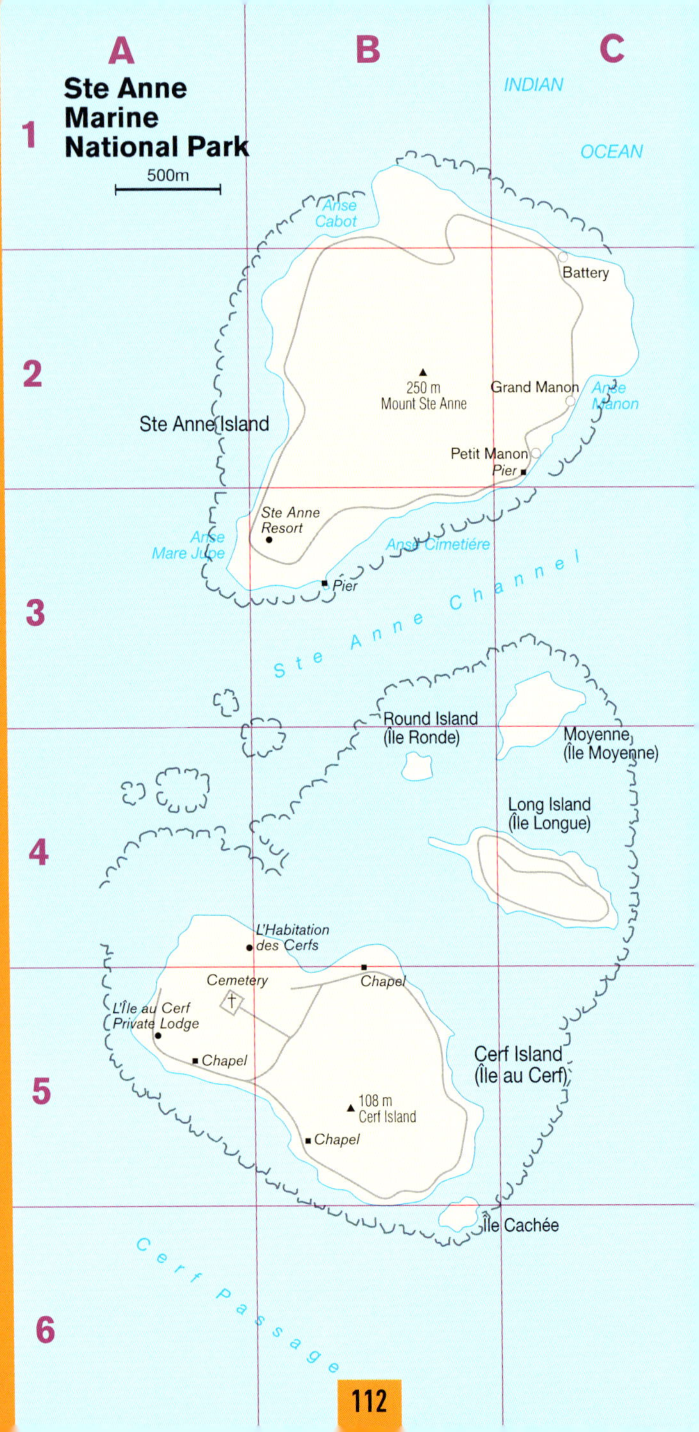
A
B
C
1
2
3
4
5
6
Ste Anne
Marine
National Park
500m
INDIAN
OCEAN
Anse
Cabot
Battery
250 m
Mount Ste Anne
Grand Manon
Anse
Manon
Ste Anne Island
Petit Manon
Pier
Ste Anne
Resort
Anse
Mare Jupe
Anse Cimetiére
Pier
Ste Anne Channel
Round Island
(Île Ronde)
Moyenne
(Île Moyenne)
Long Island
(Île Longue)
L'Habitation
des Cerfs
Cemetery
Chapel
L'Île au Cerf
Private Lodge
Chapel
Cerf Island
(Île au Cerf)
108 m
Cerf Island
Chapel
Île Cachée
Cerf Passage

D
E
F
Mahé
3 km
1
2
3
4
5
6
L'Îlot
North Point
Machabée
458 m
Glacis
La Retraite
Grand Anse (Praslin), La Passe (La Digue)
Beau Vallon Bay
Mare Anglaise
De Quincy Village
417 m
Ste Anne Island
Beacon Island
Beau Vallon
Anse Jasmin Estate
Bel Ombre
Victoria
Danzilles
Round Island
Moyenne
Long Island
Baie Ternay
Morne Seychellois
Les Trois Frères
699 m
Mont Fleuri
Cerf Passage
Cerf Island
Ternay
905 m
L'Exil
San Souci
Plaisance
Zig Zag
Île Cachée
Morne Seychellois
National Park
Port Launay
Port Launay Estate
667 m
Morne Blanc
Ternay Pass
Grand Bois
La Misère
Anonyme Island
Port Glaud
L'Islette
Conception
Port Glaud
Cascade
Thérèse
Grand' Anse
Seychelles International Airport
Vache Island
Grand' Anse
Barbarons Estate
Pointe La Rue
Capucins
Anse aux Pins
St. Joseph Estate
Boileau Bay
Brulée
501 m
Vilaz Artizanal
Anse Boileau
INDIAN
Pointe Au Sel
Chauve Souris Island
Anse à la Mouche
Les Canelles
Anse Royale
Michael Adams
Le Jardin du Roi
Anse Royale
Petit' Anse
Baie Lazare Village
Bais Lazare
Anse Bougainville
Mont Parnel
378 m
Pointe Lazare
Takamaka
Anse Takamaka
Quatre Bornes
OCEAN
Anse Intendance
Beau Séjour
301 m
Pointe Golette
Police Bay
Pointe Police
Pointe du Sud

A
B
C
1
2
3
4
5
6
Caimant Pl.
Curieuse Island
Curieuse 172 m
Causeway
Anse St. Jose
Chevalier Point
Roche Grand Maman
Anse Lazio
Anse Lazio
Anse Boudin
Savoy State Land
Anse Boudin
190 m
Chenard
Anse Takamaka
St Marie's Point
Newcome
340 m
Grand Fond
Anse Kerlan River
Anse Possession
Jalousie
Possession Estate
Anse Kerlan
Anse Kerlan
Pasquiere Estat
Pasquiere R.
Fond du Riz River
Cath. Mission River
Praslin Airport
Amitié
Plaine
Holla
Grand Anse
Cousin
Cousine
Grand' Anse
Nouvelle Découverte
Fond de l'Anse
Victoria (Mahé)
Anse Citron
St.
Anse Bateau
INDIAN
Grosse Roche
St Sav
OCEAN

D
E
F
Praslin
1 km
1
2
3
4
5
6
Rouge Point
St Pierre Islet
Chauve Souris Island
Anse Volbert
Anse Matelot
Volbert Village
Côte d'Or
Fond Diable 213 m
Grand Anse
Petite Anse
Côte d'Or River
Anse Magde
Anse la Blague
Au Morne
Vallée de Mai
National Park
Baie Ste Anne
367 m
Baie Ste Anne
75 m
Round Island
Azore
Péllssier River
Pier
La Passe (La Digue)
Fond Dalbaretz
Pointe Cabris
Roches Boquet
Anse Marie-Louise
Anse Cimetière
Anse Bois de Rose
Anse Marie-Louise
Consolation
Pointe Consolation
Anse Consolation
Pointe Cocos

A
B
C
1
2
3
Silhouette
1 km
Anse Mondon
Anse Mondon
Roche Marceline
Labriz Silhouette
Anse La Passe
Mont Pot à Eau 620 m
Mont Dauban 751 m
La Passe
Pier
Planter's house
Pointe Étienne
Gratte Fesse 516 m
Anse Lascars
Anse Lascars
Grand Barbe
Anse Grand Barbe
Mont Cocos Marrons
Anse Patates
INDIAN
OCEAN
Pointe Grand Barbe
Pointe Civine

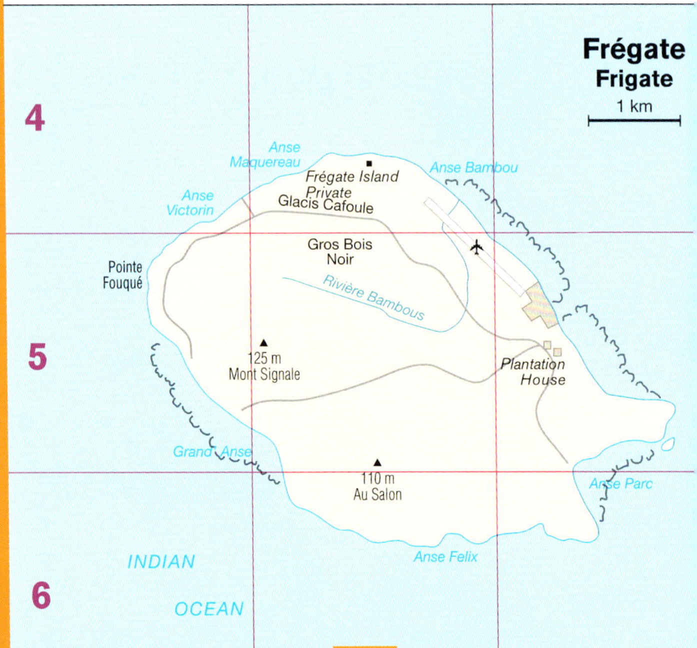
4
5
6
Frégate
Frigate
1 km
Anse Maquereau
Frégate Island Private
Anse Bambou
Anse Victorin
Glacis Cafoule
Gros Bois Noir
Pointe Fouqué
Rivière Bambous
125 m Mont Signale
Plantation House
Grand Anse
110 m Au Salon
Anse Parc
Anse Felix
INDIAN
OCEAN

D
E
F
La Digue
500 m
1
2
3
4
Anse Patates
Anse Sévère
Anse Gaulettes
Pointe Cap Barbi
Baie Ste Anne (Praslin)
Victoria (Mahé)
INDIAN
OCEAN
Pier
La Passe
Cap Bayard
Nid d' Aigles
Anse Banane
La Digue Island Lodge
Anse de la Réunion
La Réuninon
La Digue Vev Réserve
Belle Vue
Anse Fourmis
333 m
La Digue Island
Pier
L'Union
Roche Bois
Fond Piment
Pointe Ma Flore
Anse Union
Anse Cocos
Pointe Source d'Argent
La Retraite
Pointe Turcy
Citadel
150 m
Petit' Anse
Anse la Source à Jean
Pointe Bélize
Grand' Anse
Anse Pierrot
Anse Songe
Pointe Canon
Grand l'Anse
Anse Bonnet Carre
Pointe Jacques

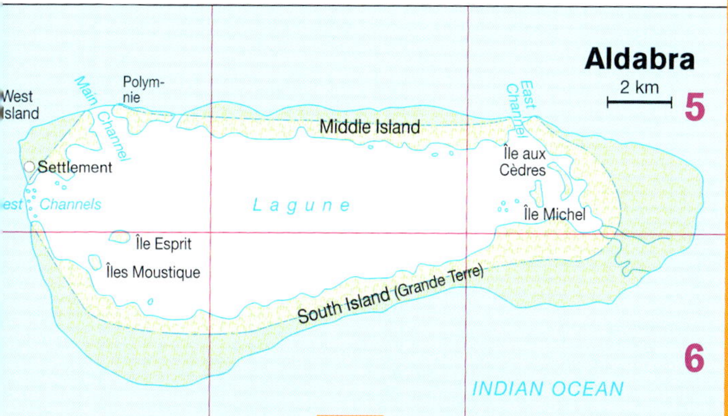
Aldabra
2 km
5
6
West Island
Polymnie
Main Channel
Middle Island
East Channel
Settlement
Île aux Cèdres
West Channels
Lagune
Île Michel
Île Esprit
Îles Moustique
South Island (Grande Terre)
INDIAN OCEAN

KARTENLEGENDE

Hauptstraße		Main road
Nebenstraße		Minor road
Fahrweg		Carriageway
Schifffahrtslinie		Shipping route
Siedlung		Settlement
Verkehrsflughafen		Airport
Turm		Tower
Kapelle		Chapel
Friedhof		Cemetery
Bergspitze mit Höhe in Metern	108	Summit with height in metres
Korallenriff		Reef
Atoll		Atoll
Sehenswürdigkeit		Place of interest
Unterkunft		Quarter
Ausflüge & Touren		Excursions & tours

Baie Ste Anne,
Praslin

REGISTER

In diesem Register sind alle in diesem Band erwähnten Orte, Ausflugsziele bzw. Inseln und Hotels bzw. Resorts sowie wichtige Namen und Stichworte verzeichnet. Halbfette Seitenzahlen verweisen auf den Haupteintrag, kursive auf ein Foto.

Hotels/Resorts

> SCHREIBEN SIE UNS!

Liebe Leserin, lieber Leser,

wir setzen alles daran, Ihnen möglichst aktuelle Informationen mit auf die Reise zu geben. Dennoch schleichen sich manchmal Fehler ein – trotz gründlicher Recherche unserer Autoren/innen. Sie haben sicherlich Verständnis, dass der Verlag dafür keine Haftung übernehmen kann.

Wir freuen uns aber, wenn Sie uns schreiben.

Senden Sie Ihre Post an die MARCO POLO Redaktion, MAIRDUMONT, Postfach 31 51, 73751 Ostfildern, info@marcopolo.de

IMPRESSUM

Titelbild: La Digue, Anse Source d'Argent (Huber: R. Schmid)
Fotos: Holger Ehlert (15 o.); ©fotolia.com: Martin (91 o.l.), Arno Oesterheld (91 M.r.), Sala|Juegos (91 M.l.), Thierry Sébaut (90 M.l.), christian wheatley (90 o.l.); M. Friedel (52); H. Gstaltmayr (28, 47, 123); HB Verlag: Huber (2 l., 30/31, 61, 62, 65, 71, 96/97, 119); Huber: Mehlig (86/87), Schmid (Klappe Mitte, 4 r., 24/25, 34,), R. Schmid (1); ©iStockphoto.com: Nidda Chuangyeam (90 M.r.), Daniel Gilbey (91 u.r.), Marc Lantrok (14 o.), YinYang (13 o.); V. Janicke (21, 22/23, 49); R. Jung (6/7, 23, 50/51, 58, 88); Thomas J. Kinne (12 o.); KREOLOR LTD: Gilbert Pool (15 u.); Lade: Eicke (18); Laif: Heuer (26, 72/73); La Terra Magica: Lenz (Klappe rechts, 56, 98); Marine Conservation Society, Seychelles: Elke Talma (12 u.); Mauritius: Mehlig (16/17); H. Mielke (3 l., 3 r., 8/9, 22, 28/29, 29, 38, 41, 66/67, 77, 78/79, 84, 92/93, 95, 110/111); NATIONAL ARTS COUNCIL OF SEYCHELLES (13 u.); Okapia: Bruemmer (83), Gut (3 M., 74); Okapia/Bios: Gunther (4 l., 80); Seychelles Tourism Board: Gerard Larose (14 u., 90 u.r.); P. Spierenburg (Klappe links, 2 r., 5, 11, 27, 32, 36, 43, 45, 55, 68)

8., aktualisierte Auflage 2009

Verlegerin: Stephanie Mair-Huydts; Chefredaktion: Michaela Lienemann, Marion Zorn
Autor: Heiner F. Gstaltmayr; Redaktion: Jochen Schürmann
Programmbetreuung: Cornelia Bernhart, Jens Bey
Bildredaktion: Gabriele Forst, Roger M. Gill
Szene/24h: wunder media, München; Kartografie Reiseatlas: © MAIRDUMONT, Ostfildern
Innengestaltung: Zum goldenen Hirschen, Hamburg; Titel/S. 1–3: Factor Product, München
Sprachführer: in Zusammenarbeit mit Ernst Klett Sprachen GmbH, Stuttgart, Redaktion PONS Wörterbücher

Printed in Germany. Gedruckt auf 100% chlorfrei gebleichtem Papier

FÜR IHRE NÄCHSTE REISE

gibt es folgende MARCO POLO Titel:

DEUTSCHLAND

Allgäu
Amrum/Föhr
Bayerischer Wald
Berlin
Bodensee
Chiemgau/Berchtesgadener Land
Dresden/Sächsische Schweiz
Düsseldorf
Eifel
Erzgebirge/Vogtland
Franken
Frankfurt
Hamburg
Harz
Heidelberg
Köln
Lausitz/Spreewald/Zittauer Gebirge
Leipzig
Lüneburger Heide/Wendland
Mark Brandenburg
Mecklenburgische Seenplatte
Mosel
München
Nordseeküste Schleswig-Holstein
Oberbayern
Ostfriesische Inseln
Ostfriesland/Nordseeküste Niedersachsen/Helgoland
Ostseeküste Mecklenburg-Vorpommern
Ostseeküste Schleswig-Holstein
Pfalz
Potsdam
Rheingau/Wiesbaden
Rügen/Hiddensee/Stralsund
Ruhrgebiet
Schwäbische Alb
Schwarzwald
Stuttgart
Sylt
Thüringen
Usedom
Weimar

ÖSTERREICH | SCHWEIZ

Berner Oberland/Bern
Kärnten
Österreich
Salzburger Land
Schweiz
Tessin
Tirol
Wien
Zürich

FRANKREICH

Bretagne
Burgund
Côte d'Azur/Monaco
Elsass
Frankreich
Französische Atlantikküste
Korsika
Languedoc-Roussillon
Loire-Tal
Normandie
Paris
Provence

ITALIEN | MALTA

Apulien
Capri
Dolomiten
Elba/Toskanischer Archipel
Emilia-Romagna
Florenz
Gardasee
Golf von Neapel
Ischia
Italien
Italienische Adria
Italien Nord
Italien Süd
Kalabrien
Ligurien/Cinque Terre
Mailand/Lombardei
Malta/Gozo
Oberital. Seen
Piemont/Turin
Rom
Sardinien
Sizilien/Liparische Inseln
Südtirol
Toskana
Umbrien
Venedig
Venetien/Friaul

SPANIEN | PORTUGAL

Algarve
Andalusien
Barcelona
Baskenland/Bilbao
Costa Blanca
Costa Brava
Costa del Sol/Granada
Fuerteventura
Gran Canaria
Ibiza/Formentera
Jakobsweg/Spanien
La Gomera/El Hierro
Lanzarote
La Palma
Lissabon
Madeira
Madrid
Mallorca
Menorca
Portugal
Spanien
Teneriffa

NORDEUROPA

Bornholm
Dänemark
Finnland
Island
Kopenhagen
Norwegen
Schweden
Südschweden/Stockholm

WESTEUROPA | BENELUX

Amsterdam
Brüssel
Dublin
England
Flandern
Irland
Kanalinseln
London
Luxemburg
Niederlande
Niederländische Küste
Schottland
Südengland

OSTEUROPA

Baltikum
Budapest
Estland
Kaliningrader Gebiet
Lettland
Litauen/Kurische Nehrung
Masurische Seen
Moskau
Plattensee
Polen
Polnische Ostseeküste/Danzig
Prag
Riesengebirge
Russland
Slowakei
St. Petersburg
Tschechien
Ungarn
Warschau

SÜDOSTEUROPA

Bulgarien
Bulgarische Schwarzmeerküste
Kroatische Küste/Dalmatien
Kroatische Küste/Istrien/Kvarner
Montenegro
Rumänien
Slowenien

GRIECHENLAND | TÜRKEI | ZYPERN

Athen
Chalkidiki
Griechenland Festland
Griechische Inseln/Ägäis
Istanbul
Korfu
Kos
Kreta
Peloponnes
Rhodos
Samos
Santorin
Türkei
Türkische Südküste
Türkische Westküste
Zakinthos
Zypern

NORDAMERIKA

Alaska
Chicago und die Großen Seen
Florida
Hawaii
Kalifornien
Kanada
Kanada Ost
Kanada West
Las Vegas
Los Angeles
New York
San Francisco
USA
USA Neuengland/Long Island
USA Ost
USA Südstaaten/New Orleans
USA Südwest
USA West
Washington D.C.

MITTEL- UND SÜDAMERIKA

Argentinien
Brasilien
Chile
Costa Rica
Dominikanische Republik
Jamaika
Karibik/Große Antillen
Karibik/Kleine Antillen
Kuba
Mexiko
Peru/Bolivien
Venezuela
Yucatán

AFRIKA | VORDERER ORIENT

Ägypten
Djerba/Südtunesien
Dubai/Vereinigte Arabische Emirate
Israel
Jerusalem
Jordanien
Kapstadt/Wine Lands/Garden Route
Kenia
Marokko
Namibia
Qatar/Bahrain/Kuwait
Rotes Meer/Sinai
Südafrika
Tunesien

ASIEN

Bali/Lombok
Bangkok
China
Hongkong/Macau
Indien
Japan
Ko Samui/Ko Phangan
Malaysia
Nepal
Peking
Philippinen
Phuket
Rajasthan
Shanghai
Singapur
Sri Lanka
Thailand
Tokio
Vietnam

INDISCHER OZEAN | PAZIFIK

Australien
Malediven
Mauritius
Neuseeland
Seychellen
Südsee

> UNSER INSIDER

MARCO POLO Autor Heiner F. Gstaltmayr im Interview

Heiner F. Gstaltmayr lebt als freier Reisebuchautor auf der Schwäbischen Alb und beschäftigt sich seit über 20 Jahren mit den Seychellen.

Warum interessieren Sie sich so sehr für die Seychellen?

Das liegt an meiner beruflich bedingten und notwendigen Neugier. Inseln überall auf der Erde haben es mir seit jeher angetan.

Was reizt Sie an den Seychellen?

Die grandiose Natur, vor allem aber das multikulturell geprägte Volk der Seychellois. In gewisser Weise auch das Laisser-faire, mit dem sie ihr Leben gestalten: Was ich heute nicht schaffe, schaffe ich (vielleicht) morgen ...

Und was mögen Sie an den Seychellen nicht so?

Dass man es hier manchmal mit dem Laisser-faire übertreibt. Wenn man im Restaurant eine halbe Stunde auf ein Bier wartet, weil die Kellnerin gerade ein Schwätzchen hält, kann das durchaus etwas ärgerlich sein.

Sprechen Sie die Landessprache?

Kreolisch ist eine Mischsprache, die sich manchmal ganz lustig anhört. Trotzdem habe ich mich nur am Rande damit beschäftigt, da man sich mit Englisch fast überall verständlich machen kann. Wie in jedem Land sind ein paar Grußworte und Höflichkeitsfloskeln in der Landessprache durchaus nützlich. Die Menschen freuen sich überall auf der Erde, wenn man wenigstens „Guten Tag" oder „Danke" in ihrer Landessprache sagen kann.

Was genau machen Sie beruflich??

Nach einer soliden journalistischen Ausbildung bin ich jetzt seit über 25 Jahren für namhafte Reiseführerverlage als freier Autor tätig. Außerdem schreibe ich – weil man davon leider nicht ausschließlich leben kann – für verschiedene Reisemagazine und Tageszeitungen.

Kommen Sie viel auf den Inseln herum?

Wenn ich auf den Seychellen bin, bereise ich nicht nur die vorzugsweise von Touristen frequentierten Inseln, sondern besuche immer wieder mal gerne die abseits gelegenen Eilande.

Mögen Sie die Küche der Seychellen?

Mit kleinen Einschränkungen ja. Und da ich gerne scharf esse, kommt mir der indische Einschlag in die kreolische Küche sehr gelegen. Verliebt habe ich mich in ein *Chicken Gumbo* – hier fasziniert mich die Kombination von gebratenem Hähnchen mit Garnelen.

> BLOSS NICHT!

Was Sie bei Ihrem Aufenthalt auf den Seychellen unbedingt beachten sollten

Unachtsam Auto fahren

Mahé, die Hauptinsel, mit dem Mietwagen zu entdecken ist ein reizvolles Unternehmen. Doch seien Sie gewarnt: Unter Alkoholeinfluss kann es schnell zu einem gefährlichen Vergnügen werden. Besonders die Straßen, die am Meer entlang führen, verfügen häufig nicht über Leitplanken, die Straßenränder fallen mitunter steil ins Meer ab. Außerdem pflegen viele Einheimische einen Fahrstil, der auf der intimen Kenntnis der Örtlichkeiten beruht – auf Besucher wird dabei kaum Rücksicht genommen.

Naturschutz missachten

Dass Sie Müll nicht nur vom Strand wieder mitnehmen, sollte eigentlich selbstverständlich sein. An Rauchverbote – wie etwa im Vallée de Mai auf Praslin – sollten Sie sich unbedingt halten. Das Rauchen birgt eine wirkliche Gefahr, besonders in den trockenen Monaten. Wanderwege sind ausgeschildert, damit Sie sich an den Weg halten und nicht beim Querfeldeinlaufen geschützte Pflanzen niedertrampeln. Und noch eine Bitte an Taucher und Schnorchler: Meerestiere, vor allem Korallen, sollten dort bleiben, wo sie gewachsen sind.

Dieben Gelegenheit geben

In jüngster Zeit mehren sich kleinere Diebstähle und Gaunereien; auch von Autoaufbrüchen wird berichtet. Deshalb: Nicht mehr Geld bei sich tragen, als unbedingt nötig; Wertsachen – auch Handys und Kameras – nicht im Mietwagen liegen lassen. Und nicht angeben, indem man eine pralle Brieftasche vorzeigt ...

Badeverbote ignorieren

Rote Warnschilder an Stränden, die auf Badeverbote bzw. die Gefahren durch starke Strömungen hinweisen, sollten Sie nicht ignorieren. Diese Schilder haben ihre Berechtigung, denn solche Strömungen fordern regelmäßig Opfer.

Souvenirs aus Schildpatt kaufen

Wenn Sie einmal gesehen haben, wie einer (manchmal sogar noch lebenden) Schildkröte der Panzer abgezogen wurde, verzichten Sie wohl freiwillig auf Souvenirs, die aus diesem Material hergestellt wurden. Leider werden solche Erzeugnisse, die auf den Seychellen verboten sind, noch in einigen Geschäften angeboten – kaufen Sie sie nicht! Außerdem ist in den Ländern der EU und in der Schweiz die Einfuhr aller Produkte, die von geschützten Tieren oder Pflanzen stammen, ohnehin strafbar.

Schwarz tauschen

Am liebsten würde die Regierung der Seychellen alle Devisen für sich behalten. Jedenfalls hat sie das Monopol auf den Umtausch in die Landeswährung. Neben den offiziellen Wechselstellen gibt es aber einen Schwarzmarkt, dem Sie tunlichst fernbleiben sollten. Wer erwischt wird, muss mit drastischen Strafen bis hin zum Landesverweis rechnen.